“大桥人”的城市生活史

章　羽　著

上海大学出版社
·上海·

图书在版编目(CIP)数据

“大桥人”的城市生活史 / 章羽著 . —上海 ：上海大学出版社，2022.12

ISBN 978－7－5671－4607－5

Ⅰ . ①大…　Ⅱ . ①章…　Ⅲ . ①城市史—上海　Ⅳ . ① K295.1

中国版本图书馆 CIP 数据核字（2022）第 246725 号

责任编辑　徐雁华
封面设计　缪炎栩
技术编辑　金　鑫　钱宇坤

“大桥人”的城市生活史

章　羽　著

上海大学出版社出版发行
（上海市上大路99号　邮政编码200444）
（https://www.shupress.cn　发行热线021-66135112）
出版人　戴骏豪

*

南京展望文化发展有限公司排版
上海普顺印刷包装有限公司印刷　　各地新华书店经销
开本710 mm × 1000 mm　1/16　印张 11.5　字数 154 千
2022年12月第1版　2022年12月第1次印刷
ISBN　978－7－5671－4607－5/K · 270　定价　68.00元

目　录 | contents

导 论

杨浦滨江："大桥人"见证的时代变迁

杨浦大桥连接着浦西和浦东，然而杨浦大桥不仅仅是一座跨越黄浦江的大桥，还承载着上海这座城市历史的变迁，见证了上海改革开放的大事件。

多年来，生活在杨浦大桥附近（浦西地区）的居民一直以自己是“大桥人”而自豪。因为曾经的“工业锈带”，今天已完全焕然一新，变成了美丽、宜居的“生活秀带”。

“人民城市人民建，人民城市为人民”，这样一个重要的命题既是习近平总书记指引城市建设和城市治理的原则与方向，也是对新中国成立以来城市发展道路及其经验的总结。杨浦滨江是上海这座城市的一个缩影，“大桥人”则是这个缩影的建设者和见证人。

1993 年，邓小平同志来到上海，冒雨登上杨浦大桥，远眺黄浦江畔的美丽景象，高度肯定了上海的变化，并希望上海不要丧失机遇。小平同志希望上海乘风破浪，脚步扎实，克服困难，更上一层楼，并带动长江流域经济的发展。

上海人民没有辜负小平同志的希望和鼓励，在后来的历程中，始终站在我国改革开放的前沿，为上海乃至全国的发展作出了重要的贡献。

2019 年 11 月初，习近平总书记来到杨浦大桥下的滨江大道，感慨万分。总书记说，这里的老工业区见证了上海百年工业的发展历程，过去的“工业锈带”变成了今天的“生活秀带”，人民群众有了更多幸福感和获得感。由此，习近平总书记进一步指出“人民城市人民建，人民城市为人民”，要让城市成为老百姓宜业宜居的乐园。

作为人民城市建设实践模式研究的一个组成部分，我们的学术团队对“大桥人”进行了访谈并作了相关研究，通过对话59位大桥街道居民，我们真正感受到了上海这座城市的厚重底蕴：人人都可以参与历史的书写，以大桥街道为代表的居民也如是。在访谈中，我们深切感到，正是他们见证了杨浦老工业区从“工业锈带”到“生活秀带”的变迁，体现了人民群众参与城市建设的进程，也呈现了城市社区治理的实践和经验。

曾经的纺织女工黄宝妹，如今已90岁高龄，仍然居住在大桥街道。根据黄宝妹的口述，她不满13岁就进入当时的日资裕丰纱厂（国棉十七厂前身）当童工。在她的记忆中，那时候她每天清晨四点钟就得起床，摸黑乘渡船过黄浦江，到杨树浦的工厂上工。她整天都要站在纺纱机前照看纱线，下班时被搜身后才能放行。新中国成立后，黄宝妹成为国棉十七厂的一名工人。1953年，她以一人可照看800个纱锭的出色业绩，从上海30多万名纺纱工人中脱颖而出，成为中国纺织工业部首届18位全国劳模之一，并多次受到国家领导人的接见。谢晋导演还曾以她的事迹为原型拍摄了同名电影《黄宝妹》。

黄宝妹是许许多多上海近代工业的建设者和见证人之一。这种早期上海工人阶级的风貌和精神，一代一代地得到了传承。

CZ，60后，他至今还为他的母亲而骄傲。他的母亲也是全国劳模，曾在中国纺织机械厂工作。1979年，CZ从学校毕业后以顶替母亲的方式进入中纺机工具车间当工人。20世纪90年代，国家进行产业调整，他选择买断工龄自谋生路。CZ一直对中纺机怀有深厚感情。他很自豪地回忆起当时从德国回来的纺织高科技人才，说他们回来的意义甚至不亚于搞原子弹搞航天器的人。正是由于有这么一批人的回来，使得后来一段时间内中国95%以上的梭织机都是从中纺机生产出来的。

在访谈中我们深切地感到，尽管那些早期的建设者和见证人依然十分怀念那时候为之奋斗的车间和厂房，但是当他们看到今天的“生活秀带"，看到改革开放给他们的生活带来的巨大变化，都抑制不住内心的兴奋和激动。

上海是中国近现代工业的发源地，而杨树浦路曾经是上海近代工业的中心地带。20世纪初，外商抢占杨浦滨江沿线开辟工业，使这里陆续诞生了中国工业史上的多个"第一"：第一家自来水厂、第一家发电厂、第一家煤气厂、第一家机械织布厂……

杨树浦路2866号，曾经的裕丰纱厂，曾经的国棉十七厂，现在已经被改造建设成为上海的时尚中心。这个集购物、文化、创意等多功能为一体的、以纺织概念为主的时尚创意园区，已经成为杨浦大桥桥头的又一时尚地标。

同样已是90岁高龄的KX老先生，在杨浦生活了将近70年。1953年他就搬到长阳路附近生活。在他的记忆中，长阳路一带过去有一条臭水浜，周围都是棚户区。

工业的发展，要吸收大批工人，早在1905年，杨树浦的人口就已经相当多了，在租界边缘有一个村庄，那儿有2 000人左右。那个时候，居民住宅首先沿杨树浦路北侧兴建，在以后的20年间，这一带共建造了旧式里弄近200条。同时，在工厂附近，工人搭建棚屋栖身，形成了大片棚户区。

LW生于1950年，她说她的父母1948年从江苏老家到了上海，就住在河间路的一个院子里。院子里住着上海本地人、浙江宁波人、江苏南通人等来自四面八方的人，那时候的邻居关系很融洽，真可谓海纳百川。LW说，那个时候一到下雨天，院子里就开始积水，还经常没到膝盖，小孩拿着木桶就可以当小船漂流。

GM谈起他的父母也是感慨万分，他们都是纺织厂工人，在20世纪六七十年代，一家六口人住着24平方米的房子，生活起居还算凑合。因为当时更多的情况是一家五六口蜗居在十几个平方米的斗室中。

JY的父辈当年因为生活所迫从苏北来到上海，在日本人开的同兴纱厂干活。1954年，JY就出生在同兴纱厂的职工宿舍。当年他看着杨树浦路上的一个桩子被拉出去放炮爆破，心里很开心，想着桥造好了，周围肯定要改造。1993年10月，杨浦大桥刚通车不久，JY到大桥上观光。站在大桥上往下望，桥下依旧是零落、破旧的小瓦房，他甚至有一种失落和被遗忘的感觉。

作为老工业城区，杨浦区大桥街道是上海二级以下旧里最为集中的街道之一，告别弄堂蜗居，是很多老城厢居民的心声。为更好地满足居民心声，大桥街道把旧房改造作为最重要的民生工程和民心工程，为此动员了多方力量。更重要的是，紧紧依靠街区居民的配合和支持，经过几轮的旧房改造，如今的大桥街道，可以说已经取得了翻天覆地的变化。如今的LW、JY们，都已经搬进了宽敞明亮的现代公寓房。

第一章 绪 论

第一节　大桥街道在哪里？

大桥街道位于上海杨浦区境中南部，原是一个以旧房、简屋为主的老村街道。由原眉州路街道、宁国路街道和隆昌路街道一部分撤建而成，因杨浦大桥西引桥延伸贯穿辖区东西而得名。东起隆昌路、宁武路、平定路，与定海路街道接壤；西沿杨树浦港，与平凉路街道、江浦路街道交界；北至周家嘴路，与控江路街道、延吉新村街道相邻；南至杨树浦路，临黄浦江与浦东新区隔江相望。辖区面积3.99平方公里。

作为中国近代工业的发源地，大桥街道的滨江地区原本是上海最先发展起来的地区之一，这个地区早在解放之前就已经建设成型。沿着杨树浦路而遍布的工厂里，聚集了新中国的一代产业工人。他们工作于此，也大多生活在附近。站在杨浦大桥上往下望，那一片片"红顶"，就是他们居住了几十年甚至一辈子的家——一片一片低矮里弄，与周边的高楼大厦相比，显得更加矮小和老旧。走进他们的家，各家各户在弄堂内搭出水池、澡堂、杂物间。抬头望去，晾衣竿上挂着密密麻麻的衣服。里弄曾经是居民主要的栖居地，如今一个个已经变为二级旧里的旧改地。

初见大桥街道

初见大桥街道是在2013年。当时大桥街道委托课题组撰写"满意大桥"报告。那时的大桥街道有两个特点：一是居住条件差。大桥街道棚户区居多，辖区有近20%的居民居住在二级旧里及棚户、简屋，极其恶劣的居住条件和生活环境，不仅严重影响居民的生活质量，而且极易引发盗窃、火灾、公共卫生事件以及聚众斗殴等严重的社会问题。二是外来人口洼地。随着定海路街道东块和平凉路街道西块旧区改造的加快，大桥街道显现出"洼地"效应，辖区来沪人员近3万人。来沪人口在为大桥街道的经济发展作出积极的贡献、为社区居民的生活提供诸多方便的同时，流动摊贩、环境卫生、居住安全等棘手问题也摆在社区管理者面前。

在社区建设和治理中，大桥社区（街道）党工委认识到，广大居民满意不满意是评判政府工作成效的金指标。政府工作千头万绪，老百姓满意是根本。只有心里装着群众，一切为了群众，把群众满意作为各项工作的出发点和最终归宿，才能赢得广大群众的信赖与支持，才能把社区各项工作做好做实。为把党的群众路线教育实践活动在大桥社区扎扎实实地开展起来，大桥社区（街道）党工委决定实施"满意大桥"社区建设工程，通过"满意大桥"建设，感知群众冷暖，顺应群众期盼，满足群众需求，着力解决群众反映强烈的突出问题和长期困扰群众生活的"老大难"问题，做到民有所盼、我有所应，为群众办实事，让群众受益、让群众满意。通过"满意大桥"建设，努力提升社区居民满意度，把党的群众路线落实到基层，落实到社区生活的方方面面。

当时的研究报告主要采用的是定量研究方法，课题组构建了一个社区评价指标体系，它包含7个一级指标和43个二级指标。里弄的居民究竟想要什么呢？数据分析显示：其一，民生问题仍是大家最关注的问题，居民最不满意的前两项是居住条件和公共空间。对于"旧区改造"感到"不满意"的占24.4%，感到"比较不满意"的占25.5%，两项之和接近50%。其二，在社区居民自治方面，居民也不甚满意，说明居民有自治诉求，只是现有的社区自治组织和制度不能很好地满足他们的需求。

2018年，课题组又回到大桥街道（再回来时发现原有的29个居委会已经减少为21个。其中仁兴街居委会、华忻坊居委会、杭州路居委会、顺城里居委会、宁国里居委会、鸿德坊居委会、方子桥居委会和申新村居委会因为二级旧里的动拆迁已经撤并）。这次主要采用的是质性研究方法。通过访谈的方式，我们想了解改革开放40多年来这里的居民是如何参与城市发展和社区治理的；5年前的“满意大桥”项目之后，居民的诉求得到解决了么？并进一步想了解居民在大桥街道的经历和记忆。

2019年11月初，正在上海杨浦滨江视察的习近平总书记指出，这里的老工业区见证了上海百年工业的发展历程。过去的“工业锈带”变成了今天的“生活秀带”，人民群众有了更多的幸福感和获得感。习近平总书记进而指出，要坚持“人民城市人民建，人民城市为人民”，让城市成为老百姓宜业宜居的乐园。

2018—2021年，在居委会的联系下，研究团队对59位“大桥人”进行了访谈，他们的日常生活正是大时代发展的印迹，记录着他们从新中国崛起到上海成为国际大都会的历史进程中的个人生活史。访谈对象的讲述，让我们真正感受到了上海这座城市的厚重感。

在新中国成立的70多年特别是改革开放40多年的历史进程中，中国推进社会主义现代化建设以不断满足人民群众对美好生活的需要，除了制度变革、科技发展等因素外，“人民城市人民建，人民城市为人民”的价值导向和理论支撑起着不可忽视的重要作用。经历改革开放，大桥街道的居民感受着日新月异的城市化变迁，见证着上海城市繁荣发展的辉煌历史。居民经历的从“工业锈带”到“生活秀带”的70多年，呈现着上海现代化国际大都市建设的印记，也全面展示着中国特色社会主义制度的优越性。

第二节　我们如何研究？

一、研究方法

本书选取上海杨浦区大桥街道作为研究地点，以城市工业化发展为背景，呈现当地居民参与人民城市建设的日常生活，以及在人民城市建设过程中所联结起的社区情感和社区认同。在21世纪的今天，居住在大桥街道的居民经历了国家工业化的进程，经历了70多年的时光洗礼，并享受着城市化带来的各种生活便利。同时，在城市化的改造下，社会性的巨大变迁也令居民经历了各种生活上的挑战。当然要说明的是，本书所选择的大桥街道并不能代表所有的社区样态，这只是本书所选择的一个个案，毕竟"一个人不可能在一项研究中遍及中国所有的部分"。上海的里弄作为上海城市性与现代性的具体表现，是与城市的发展历程紧密联系在一起的。事实上，上海里弄的生成过程实际上体现着上海现代意义上的"城市"的生成过程，而它的兴衰流变也是同整个城市的社会变迁联系在一起的。在研究当代中国社会变迁的过程中，任何人都无法把数亿乃至十多亿人完全归纳起来研究，必须选择一定的区域或样本。对于上海来说，大桥街道可能只是无数相似的街道之一，并无特殊之处。因此仅仅体现了一种"地方性知识"或"地方性经验"。本书也不可能在一项研究中遍及人民城市建设的所有方面，但是从大桥街道出发，却可以勾勒出上海的其中一个形象。

同时本书也谨以费孝通先生所指出的"对一个小的社会单位进行深入研究得出的结论不一定适合于其他单位，但是，这样的结论却可以用作假设，也可以作为在其他地方进行调查时的比较材料[1]”，通过地方性研究为人民城市建设的研究提供一个样本和一种经历，为理解“人民城市人民建，人民城市为人民”的普遍规律提供个案，深化我们对人民城市的认识。

本书采用马克思主义的辩证思维方法，即把城市的要素、现象、问题等置于辩证唯物主义视域之中，以历时与共时、一般与个别、整体和局部、宽度和深度相统一的方法，得出对城市的规律性认识。本书采用以人为本的研究框架，即把坚持以人民为中心的历史唯物主义的根本原则，贯穿于多学科城市研究之中，围绕城市规划与建设、城市经济与产业布局、城市精神与文化生活、城市发展与人的存在、城市建设与美好生活的关系，深刻回应发展“为了谁”“依靠谁”“如何共享发展成果”等一系列问题，体现城市发展和城市研究的人文价值取向[2]。

作为研究对象的大桥街道因为它有建筑，所以建筑学的人研究它；因为它有社区，所以社会学的人研究它；因为它曾是名人生活过的故居，所以研究历史、文学的人愿意写它；因为它在城市显见的优良区位，所以成为城市地理学、城乡规划学的研究对象。然而它是一个有机体，是无法被科学化地、分门别类地研究的对象[3]。本书研究大桥街道具体运用的方法包括以下：

（一）日常生活与宏大叙事：从社会史到新文化史

研究日常、研究人民群众，说到底是历史观和方法论的问题，因为“人民才是创造世界历史的动力”。一直以来，史学家研究历史钟情于宏观历史、知识精英以及英雄的历史。到了20世纪80年代，很多学者开始把人民群众作为他们研究的主要对象。研究方法也开始转向研究叙事的人文研究方法。宏观历史很重要，大事件的研究也仍然是史学家

[1] 费孝通：《江村经济：中国农民的生活》，北京：商务印书馆2005年版，第2页。
[2] 高春花：《城市哲学建构的理论逻辑》，《探索与争鸣》2020年第12期。
[3] 李彦伯：《上海里弄街区的价值》，上海：同济大学出版社2014年版，第11页。

的研究中心，但也要看到我们每天所面对的是占人口绝大多数的小人物，他们每天也在创造历史，只不过创造历史的方式不同而已。在这个背景下，一些关注日常生活、性别、记忆、大众文化的新课题开始蓬勃发展。

新文化史的产生受到很多思想家的影响。葛兰西的《狱中札记》提供了文化霸权与庶民文化理论；汤普森的《英国工人阶级的形成》认为英国工人阶级的形成并非源于产业工人，而是具有庶民文化传统的手工工匠。后来贺萧对天津工人的研究、裴宜理对上海工人运动的研究，在很大程度上受到汤普森理论的启发；亨特则在《法国革命时期的家庭罗曼史》中以家庭秩序为切入口对法国革命政治文化进行解读。

金兹伯格的《奶酪与蛆虫》研究了 16 世纪意大利北部偏僻山村一个经营磨坊的农民。金兹伯格通过研究一个在历史上微不足道的小人物，构建一个小磨坊主的心灵史，以此为视角去展现意大利当时的底层文化及历史。达恩顿的《屠猫记：法国文化史钩沉》被视作新文化史和微观历史研究资料利用和解读的经典。

史景迁的《王氏之死：大历史背后的小人物命运》以乡村底层人民的生活为中心，从一桩杀人案的始末来看当地妇女的遭遇和地位。书中王氏是一个贫寒农民之妻，跟人私奔，又在走投无路之后返回。丈夫觉得脸上无光，在大雪夜将其掐死并嫁祸邻居。知县黄六鸿发现破绽，侦破此案。罗威廉的《红雨：一个中国县城七个世纪的暴力史》以叙事的方式关注普通人的生活，力图理解他们的经历。

王笛的《茶馆：成都的公共生活和微观世界 1900—1950》通过对成都茶馆的研究，试图再现城市的公共生活方式和文化形态，勾画在公共生活的最基层单位的日常文化的完整画面，并通过挖掘成都茶馆中发生的形形色色、大大小小的事件，建构茶馆和公共生活的历史叙事与微观考察视角，从而以一个新的角度观察中国城市及其日常文化。

从社会史到新文化史的转向让我们看到，占人口绝大多数的小人物，每天也在创造历史，但很少有人关心他们的情感、他们的生活方式、他们对世界的看法、他们的遭遇、他们的文化、他们的思想，因为他们太渺小，渺小得难以进入史学家的视野。因此，我们所知道的历史是非常不平衡的历史，因为我们总是把焦点放在一个帝王将相、英雄驰骋的小舞台上，而对舞台背后千变万化、丰富多彩的民众的历史却不屑一顾。人民才是创造历史的动力，“我们可以从普通民众的日常生活中找到他们的声音，以他们自己的声音来考察他们的思想和行为”[1]，以他们自己的声音来拼出一幅人民城市发展史的图景。

马克思主义史学强调的是历史的总体性和总体趋势，因此传统精英史学所研究的对象大多是领袖人物和重大历史事件，这在历史上的重要性不言而明。而社会史采取自下而上的历史研究新路径，当民众生活的点点滴滴都成为历史研究的合理对象时，许多社会史论文却往往满足于史料的罗列，未能以小见大，阐明研究对象与社会历史总体的关系。当社会史陷入困境时，在 20 世纪 70 年代前后，文化转向在马克思主义史学内部首先发生。汤普森在《英国工人阶级的形成》[2] 中明确摒弃了经济基础 / 上层建筑的隐喻，而致力于研究他所谓的“文化与道德调节”，即“处理物质经验的文化方式”。他将阶级意识描述为“文化处置（生产关系之）经验的方式：体现在传统、价值体系、思想和制度中”。汤普森在对英国工人历史的研究中，论证了阶级意识的觉醒促进了而不是落后于英国工人阶级的形成。汤普森的研究修正了传统马克思主义存在决定意识的公式，论证了文化对存在的反作用。

这种微观研究方法是否会导致碎片化？王笛在《走进中国城市内部：从社会的最底层看历史》《茶馆：成都的公共生活和微观世界

[1] 王笛：《走进中国城市内部：从社会的最底层看历史》，北京：北京大学出版社 2020 年版，第 17—18 页。

[2] 汤普森：《英国工人阶级的形成》，钱乘旦等译，南京：译林出版社 2013 年版。

1900—1950》和《不必担忧"碎片化"》[1]中表达了他的观点。在他看来，碎片研究源于对整体史的认识，当更多的碎片得到研究，随着方法和史学观点的变化，我们可能发现过去看起来似乎没有意义的碎片，其中却蕴含了非常有意义的玄机，犹如拼图一样，如果碎片缺失，不可能拼成完整的图形，而当我们把越来越多的碎片组合在一起，完整的图形就逐渐展现出来。从方法上来说，王笛认为碎片研究应该由个案上升到理论分析，需要研究者认真驾驭那些纷繁的细节，就像盖房子一样，房子的结构就像书的宗旨和核心，砖瓦便是书的细节，如果只有细节，是撑不起一个建筑的。比如他的《茶馆：成都的公共生活和微观世界 1900—1950》，虽然考察的是一个微观世界，但关注的却是国家文化和地方文化之间的关系，从而深化了对成都和其他城市的理解。

无论是貌似平常的日常生活，还是轰动一时的重大事件，新文化史研究的焦点都是当时当地参与其中的人群对自己的生活和周围世界的体验与理解，他们的生存策略以及表达自己诉求的特殊方式。相对于将重大历史事件放在某一目的论体系中去寻求因果解释的现代史学，新文化史感兴趣的是时间的具体过程，要根据事件过程中发生的新的话语和社会实践来认识其特殊含义[2]。

在新文化史的影响下，政治史、经济史、社会史都发生了变化，社会史也不再满足于仅仅描述人民生活的客观状况，而是要了解塑造着民众的情感、日常生活和身份认同的生命历程事件和文化体系。

新文化史的研究方法引导研究者强调人民与公共空间、公共生活的关系。但本书中所使用的"公共空间"不同于哈贝马斯的"公共领域"的概念。哈贝马斯讨论的是一种社会和政治空间，而本书考察的是实实在在的"物质空间"，即人民日常看得见、摸得着的公共空间。只有当

---

[1] 王笛：《不必担忧"碎片化"》，《近代史研究》2012 年第 4 期。

[2] 姜进：《新社会文化史的兴起与西方现代史学之流变》，《山西师大学报（社会科学版）》2021 年第 6 期。

人民的日常生活与地方政治联系在一起，公共生活和公共空间才能为市民参与社会、参与政治提供舞台。

（二）口述历史：一种质性研究方法

1950—2020年的70年间，我国经历了一场时代性的变迁，国民的生活质量得到了很大的提升。然而在经济腾飞的进程中，有一部分人没能跟随时代的步伐，被困在生活的压力中，虽然享受到了城市化的便利性，却无法体验到富裕的物质生活。

在新中国成立的70多年，特别是改革开放40多年的历史进程中，中国积极推进社会主义现代化建设，以不断满足人民群众对美好生活的需要。社会上有着这么一群需要被看见、被了解的人民，在看见他们的同时，我们可以去研究、去思考如何改变那些平凡的、零碎的、毫不重要的日常生活，通过这些细节来寻找满足他们对美好生活的需要，以及打造人民城市的路径。

1. 口述历史是什么？

杨念群指出，人们越来越意识到，仅仅依赖于文字书写的史料很可能会遮蔽或扭曲历史存在的真实状态，特别是由集体叙事逻辑构造出的历史框架，大多通过书面的形式，形成对历史记忆的垄断，必须通过发掘个体声音来予以突破。比如方慧容对西村农民土地改革时期社会生活的记忆研究，大量采用了经个人访谈录音后整理出的口述文本，据此分析农民对土改运动进行“集体记忆”时所表现出的非精英化特征，并参照欧洲口述史研究方法，提出了观察农村社区村民叙述历史的“无事件境”概念，这一概念描述的是一种特殊的时间记忆心理[1]。

口述历史的意义在于通过访谈所获得的田野资料，与图书馆、档案馆中的资料在性质上有很大差异。如果我们接受历史不只是精英和上层

[1] 杨念群主编：《空间·记忆·社会转型：“新社会史”研究论文精选集》，上海：上海人民出版社2001年版，第67页。

人物的历史的观点，那么倾听普通百姓对历史的诠释和表达就是题中应有之义。访谈的意义还在于帮助研究者更好地获得现场感，理解研究对象的世界观，联结地方性知识，更好地复原地方历史。

哈耶克曾经在阐明"社会事实"与个体行为均是主观模式建构的结果时说：我认为，那种把诸如"社会"或"国家"，或任何特别的社会制度或社会现象等社会集合体现为在任何意义上都比可理解的个体活动更加客观的观点，是纯粹的幻想。我要表明的是，我们称作的"社会事实"，从自然科学使用的"事实"一词的特殊意义上说，和个体行为或他们的对象一样也不是什么事实。这些所谓的"事实"，不过恰恰与我们在理论社会科学中所建立的那些模式一样，是一种根据我们的自己头脑中所找到的要素建立起来的思想模式。

哈耶克反对的是在历史研究中，把客观性的社会结构与个体活动分隔开，认定前者可以从自然科学的精确与划一性中得到规律性的说明，个人不过是渺小的公理秩序中的一粒沙土。可一旦我们把社会结构同样视为一种历史建构过程时，历史的多样与各种鲜活欲现的可能性就展现在我们的面前[1]。

2. 社区居民口述历史

社区是人类生活的地方。地方志是一个地域的地理人文与历史的权威记录，是社区人的集体记忆，也是民族和国家历史的一个重要组成部分。

改革开放以来中国城市的变化有目共睹，国际化大都市上海在城市建设过程中的社区旧改给城市居民生活带来多方面的影响。城市改造不仅提升了市容，也改变了人们的社区传统、生活方式、心理状态。这种变化有着极大的社会学和历史学价值。记录下这一时代居民的生活故事，记录下城市发展进程中居民参与人民城市建设的过程，记录下社区居民的生命记忆，都有着重要的意义。

[1] 杨念群主编：《空间·记忆·社会转型："新社会史"研究论文精选集》，上海：上海人民出版社 2001 年版，第 67 页。

社区居民口述历史的常规模式是生平讲述，就是由采访人详细提问，让受访人讲述自己的生平故事，挖掘并收集其生平经历中的重要信息。生平讲述通常是从受访人的家乡、家族及其童年开始，一直讲述到整个人生经历，包括童年、求学、就业、社会经历、政治生活、经济生活、婚姻与家庭、工作经历、专业成就、社交圈、灾难与意外，尤其是个人成长及人生的各个关节点[1]。

居民口述历史也是陈映芳主编的《棚户区:记忆中的生活史》[2]一书中提到的“第四种文本”：第一种文本是1949年以来党政传媒机构及各种宣传渠道传递给社会的居民的生活故事。故事涉及新中国成立后的改造、工人新村建设，以及城市大改造下居民的喜迁新居。

第二种文本是城市棚户区的故事，在许多上海人的记忆中，棚户区是不属于上海这座城市的。棚户区的居民也会把进城叫作“到上海去”。长期以来，棚户区被侮称为“下只角”，以此相对照的是（旧租界）高档住宅区和繁华地段的“上只角”，连带着棚户区居民几乎成为贫穷、粗鲁、“档次低”等的同义词。

第三种文本中的“底层的表述”作为一个问题被提了出来。带着价值的关怀和实际的困惑，一些学者开始了他们自己的叙述，以底层社会一员的身份，或以底层生活曾经的亲历者的身份来叙述记忆。在这样的叙述文本中，虽然可以看到叙述者对底层的天然情感，但也可以看到叙述者与居民之间实际存在的或多或少的距离。

第四种文本被称为共同建构“他们的叙述”。很多学者致力于以口述史的形式将民间的记忆传递到公共话语空间和知识领域[3]。

社区居民口述历史打破了以文字资料为来源，以史学家为代言人的传统史学规范，让事件的参与者直接和历史对话，并探索他们日常生活

---

[1] 陈墨:《口述历史门径实务手册》，北京：人民出版社2013年版，第29页。

[2] 陈映芳主编:《棚户区：记忆中的生活史》，上海：上海古籍出版社2006年版。

[3] 陈映芳主编:《棚户区：记忆中的生活史》，上海：上海古籍出版社2006年版，第3—8页。

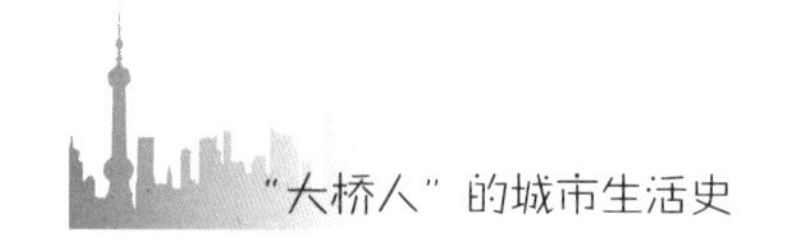

的意义体系。这种方法不仅可以用来记录城市建设过程中的城市精神和地方集体记忆，还可以弥补地方志中只记录地方政治与社会大事，而不涉及居民生活具体细节的不足。

（三）文献研究法

文献研究是一种通过收集和分析现存的以文字、数字、符号、画面等信息形式出现的文献资料，来探讨和分析各种社会行为、社会关系以及社会现象的研究方法。研究团队查阅上海地方志、杨浦区志等与大桥街道城市化发展等相关的文献，结合以上方法的运用，以求全面解释人民城市与人民之间的关系，以及作为研究对象的上海杨浦区大桥街道的居民在城市建设过程中的地方性经验和地方性知识的形成过程。

二、用什么理论来研究？

（一）空间理论与城市问题研究

1. 城市为谁而建

马克思和恩格斯广泛关注城市问题与人民日常生活的关系，在《德意志意识形态》《共产党宣言》和《资本论》中，马克思和恩格斯反复探讨了城乡之间、工农之间的关系[1]。马克思在论及新兴城市时，强调城市本身表明了人口、生产、工具、资本、享乐和需求的集中对于“人”的作用。

恩格斯在其早期著作《英国工人阶级状况》中认为，对现代城市生活的分析应通过比较方法来展开，并提出“城市为谁而建”的问题。他

[1] 基普弗：《马克思主义的空间理论和城市问题：英文文献导读》，李秀玲译，《国外理论动态》2021年第3期。

指出城市研究对阶级的形成至关重要，通过将（有偿）生产的工作场所（车间）与再生产的空间（街区）联系起来，他从整体上分析了阶级关系。恩格斯还强调，对具有从属性的集体行为来说，资本主义城市化充满矛盾：这种集体行为不仅是由工人阶级生活空间的统一性来界定的，而且是由按照职业和终须选择居住地带来的分离性这种相反趋势来界定的。裴宜理在《上海罢工：中国工人政治研究》中对中国的工人运动进行了研究，指出，阶级政治需要对阶级的能力或弱点进行分析，以便超越在第二次工业革命中发展起来的车间与街区的社会区隔和空间鸿沟[1]。

恩格斯以“城市功能”为跳板进入历史唯物主义的理论研究，以生产实践为分析起点，将城市作为解析资本主义生产方式变迁的空间场域，以资产阶级和工人阶级为分析视角，通过揭示城市生产空间和生活空间涌现出的现象与矛盾，审视城市功能定位。这不仅解释了资本主义工业城市的历史性、社会性和剥夺性本质，而且体现了恩格斯理论观照现实的品格和为人民大众服务的鲜明立场。理论只有穿透历史、映照现实，才能永葆生命力。社会主义初级阶段的国情决定了当前中国城市建设依然存在空间正义问题。我们应始终贯彻以人民为中心的发展思想，按照“经济空间—文化空间—生态空间—社会空间”的时空修复路径，为上海人民群众在城市中创造适宜栖居的生产生活方式，开辟具有中国特色和符合实际特点的城市发展之路。

社会主义中国的城市建设不可避免地会遭遇资本空间化和空间资本化问题。我们要在谋求城市发展的同时规避资本逻辑的主导作用，实现城市向满足人民美好居住生活需要的宜居城市转变，要将马克思主义空间理论与中国特色社会主义理论相融合，以保护城市精神文脉，寻找历史空间与文化创新的契合点。在呈现历史与现实竞相辉映的城市发展中

[1]　裴宜理:《上海罢工：中国工人政治研究》，刘平译，南京：江苏人民出版社 2001 年版。

凸显国际化大都市上海城市空间的独特风貌[1]。

2. 空间：都市马克思主义的新视角[2]

美国学者安迪·麦利菲尔德在《都市马克思主义：马克思主义的城市叙事》中第一次提出了"都市马克思主义"的概念。

都市马克思主义的兴起，和马克思主义在西方国家的发展中遇到城市发展的新情况有关，和城市研究中的空间转向有关。第二次世界大战以后，资本主义发展中一个引人瞩目的变化就是城市化发展迅猛。城市化发展的结果表现为社会运动方式发生了很大变化，从既往的产业工人在工厂的阶级斗争，转向了以青年学生和少数族裔为主的街头斗争。在新的情况下，如何理解马克思主义对于社会、历史和阶级等重大问题的既有理解引起很多思考。在既往的研究中，城市往往从政治、经济、文化等方面进行讨论。1973 年，发达国家广泛的滞胀危机背景下，资本和劳动力的双重过剩使得资本的空间转移和空间不平衡发展成为这一时期的城市化主题。

以都市为基础，形成了对马克思主义以及马克思主义哲学的新的理解和新的建构，即所谓的都市马克思主义。这种马克思主义重视空间与城市，警惕现代性的困难与问题，重视后现代性社会的特征尤其是都市社会的特征。在近代社会以来的发展变化中，现代性问题也逐渐突出。一个重要的方面就是强调时间、阶段在发展过程中的重要性，强调整齐划一，一种单一尺度对社会、历史和人性的判断与要求。相对来说，地方性、区域性、差异性等空间特性不是很受重视。随着变化和发展，尤其是差异性、多元性、流动性在社会生活和生产中日益突出，现代性的

[1] 参见沈江平：《恩格斯关于城市功能的研究及其当代启示》，《马克思主义研究》2021 年第 4 期；李春敏：《马克思恩格斯对城市居住空间的研究及启示》，《天津社会科学》2011 年第 3 期；吴承基：《马克思主义的城市理论与我国城市发展战略》，《马克思主义研究》1988 年第 3 期；谢菲：《马克思恩格斯城市思想及其现代演变探析》，《马克思主义研究》2012 年第 9 期。

[2] 强乃社：《国外都市马克思主义的几个问题》，《马克思主义与现实》2017 年第 1 期。

要求和尺度就变得不合时宜，后现代性由此凸显。

在都市马克思主义的研究中，空间是一个重要的视角，是一个生产出来的空间。空间不仅仅包括自然空间、社会空间，还包括心灵空间、精神空间。随着工业化、城市化的发展，人们生活和生产中的那个空间，慢慢变得服从人的意志。一些马克思主义者将资本主义发展时间化或者周期化，在讲述自己时代马克思主义与城市的故事时，分别阐述自己时代资本主义城市发展的特殊的历史体现。比如恩格斯通过对伦敦、曼彻斯特等大城市的探索，开启了都市马克思主义分析。

列斐伏尔、卡斯特等马克思主义经济学者强调城市居住空间的社会性和物质生产对城市居住空间发展的决定作用，将城市居住空间视为特定生产方式中结构因素的具体表达，试图构建资本积累、劳动力再生产、社会关系和城市居住空间发展过程的因果关联[1]。

20 世纪 70 年代，列斐伏尔的《空间的生产》对空间的社会形成做了深刻的阐述。对于空间，包括生产和生活的多重空间如何被创造，在现代社会中如何被处理的情况更是进行了深入的探讨。空间是社会生产形成的，空间不是一种空的容器，而是一种对象和存在。城市自身就是一种重要的空间现象。列斐伏尔对城市的兴趣源于对日常生活、革命和农村社会学的研究。在《城市的权利》中，他对日常生活和革命的兴趣又使他意识到城市战略（包括建筑和规划）在重组日常生活的过程中所起的作用。在《都市革命》中，列斐伏尔指出世界范围的斗争群像，从巴黎到拉丁美洲城市的街区，不是将城市概念化为某个固定的区域，而是将其概念化为在整个城市化的进程中不断闪现的形式，进而在多个层面上折射出核心空间与外围空间的关系。列斐伏尔的这种面向全球的转向，反映了依附理论和帝国主义理论在 70 年代的重要价值。在《空间的生产》中，他提出了城市转向的论断，城市研究的重点并非空间中的

[1] 强乃社：《国外都市马克思主义的几个问题》，《马克思主义与现实》2017 年第 1 期。

物体，而是产生空间的多重矛盾过程。

列斐伏尔将辩证唯物主义由时间维度拓展到空间维度，创立了马克思主义城市空间元理论。他分析城市化过程虽然以空间的物质形态为出发点，但空间的经济—社会结构，也就是社会空间才是主题和关键。列斐伏尔进而提出"社会形态按照其承载的生产方式（即社会结构）生产出适当的空间"，确定社会空间作为社会产品的性质；因此"只有通过对生产过程的分析才能准确地认识空间"。"随着生产力的发展，空间理论的研究对象由空间中的生产逐渐转变为空间的生产"，因此将社会空间的生产过程明确为城市问题研究的主要对象。按照列斐伏尔的观点，城市空间的具体地点和区位并不重要，社会空间的本质特征都蕴含在"空间实践""空间的表征"和"表征性空间"三个要素之中。具体到资本主义城市中，列斐伏尔认为空间"包含着再生产的社会关系和生产关系"，是重要的生产资料、消费对象、政治工具和阶级冲突的重要场所，城市空间的矛盾正逐渐成为发达资本主义社会中主要矛盾的重要方面。列斐伏尔将全球化背景下空间的主要矛盾概括为"与生产力水平相适应的感知、治理空间的全球尺度和社会过程多样性所导致的空间碎片化的对立"。

卡斯特将城市系统定义为一个由"生产、消费、交换、行政、符号五种要素和诸多亚要素以特定结合方式链接而成的特殊矩阵"。"城市系统的不同要素严格联系并相互依赖，每个要素在持续的相互作用中形成一个不可分割的整体"。在他看来，城市问题是社会结构在劳动力再生产的空间单位中的实体表达，在社会结构中，"城市劳动力的再生产和社会关系的再生产都是围绕着集体消费过程实现的"。"只有对集体消费过程进行具体分析才能揭示城市问题的本质"。城市居住空间不仅是一种必须借助于信用机制实现价值的特殊商品，也是一种与满足社会需要和垄断资本增值需求密切相关的重要的社会关系。卡斯特选取集体消费过程作为出发点，从社会结构和社会实践两条线索探讨城市居住空间问题[1]。

城市居住空间危机包括缺乏舒适的住房和最起码的公共设施，过度拥挤、建筑陈旧和有害身心健康的居住条件等现象，这些是居住空间供给在数量上无法满足劳动力再生产的需要、在质量上不能满足社会关系再生产的矛盾，也是劳动力和生产关系再生产不能适应生产方式再生产的空间表现。

城市居住隔离指的是处于不同社会分层的成员以正式或非正式的方式聚集，将城市划分出内部高度同质且外部强烈不同的各种等级性区域的居住组织方式。城市居住隔离这一空间形态是“社会产品在个体间的分配、住房在空间中的配置以及这两种分配体系相互作用下的特定效果”，是社会情境和特定位置在城市结构中的融合。居住隔离区域一旦形成，会被打上某种特定意识形态或生活方式的烙印并逐渐固化，使社会成员在城市居住空间中加剧分化，城市居住空间随之成为生产场所之外的重要冲突中心，影响生产过程中的阶级关系，进而影响城市社会整体变迁。卡斯特认为城市居住空间表征的社会关系不是与阶级关系一一对应的，但“不同社会群体之间的‘不平等’不是完全独立于阶级体系之外，因为后者的逻辑决定了消费的组织”[2]。

在都市马克思主义研究中，对资本主义现代性的批判占据重要地位。在资本主义历史上，城市发展随着现代性展开，而现代性在资本主义背景下变得异化。在马克思看来，资本主义遮蔽了人们的感觉，人们仅仅能够感受到占有和拥有的快乐，所有的社会活动的目的都指向这种所有和占有。在新的社会中，例如在社会主义社会中，占有感将受到限制。但这种占有感的消失需要一个很长的实践过程。较早对这个问题进行梳理的是卡茨尼尔逊，在《马克思主义与城市》中，他的研究集中在马克思主义和城市的辩证关系上。在他看来，马克思主义作为一种社会

---

[1] 强乃社：《国外都市马克思主义的几个问题》，《马克思主义与现实》2017年第1期。

[2] 谢富胜、巩潇然：《城市居住空间的三种理论分析脉络》，《马克思主义与现实》2017年第4期。

理论应该"严肃面对城市空间问题"，以增进马克思主义社会理论的当代解释。在书中，卡茨尼尔逊试图通过展示马克思主要分析工作如何通过一个城市空间的维度得到加强；进而，何以一些都市研究和城市理解通过它们和马克思主义的关联得到证明。同时，马克思主义和城市的相遇，能够帮助澄清马克思主义理论的一些核心问题[1]。

空间的交换价值不断挤压着使用价值，造成底层在生存的社会空间中遭遇着不平等，情感空间的困顿和意义缺失。如何完成空间挤压 / 折叠空间中人与人关系的正常化，成为我们在思考社会主义城市空间建设时需要考虑的一个问题。沙朗·佐京深入挖掘了空间维度的文化意义。在她看来公共文化其实是建立在社会的微观层次上的，由那些我们感受到的城市公共生活的空间所组成，由街道上、商店里、公园内的日常生活的社会交往所产生。我们在占有城市空间的同时，反过来也被城市空间所占有。沙朗·佐京认为在城市空间中，拥有经济和政治力量的人们同时拥有更多的机会，他们通过控制石头和混凝土建造起来的城市公共空间的建筑，来塑造公共文化。但公共空间在本质上是民主的。谁能够占有公共空间并定义城市的形象，从根本上说是一个没有确定答案的问题[2]。

3. 时间、空间与地方的相互关系

地方，这个概念是由美国地理学家怀特在 1947 年提出的，这一概念于 20 世纪 70 年代被引入人文地理学、文化地理学的研究中，并进一步引起雷尔夫、段义孚等学者的深入探索，成为人文地理学研究的核心概念。对于地方性（placeless）的界定方式，主要有人文地理学和结构主义两个流派，前者认为地方性是从人们的经历与情感中内生出来的；后者认为地方性是由地方所处的区域系统决定的，受制于自然系统、区位以及全球政治经济等因素，因而是一种外生的结果。不过两个流派都

---

[1] 强乃社：《国外都市马克思主义的几个问题》，《马克思主义与现实》2017 年第 1 期。

[2] 包亚明：《后大都市与文化研究》，上海：上海教育出版社 2005 年版，第 8 页。

认为地方性是一个地方唯一的、无法复制的特性。

马克思曾把资本主义的扩张称为“用时间消灭空间”，即“把商品从一个地方转移到另一个地方所花费的时间缩减到最低限度。资本越发展，从而资本借以流通的市场，构成资本流通空间道路的市场越扩大，资本同时也就越是力求在空间上更加扩大市场，力求用时间去更多地消灭空间”[1]。

哈维通过重读马克思的《资本论》，并有选择地借鉴列斐伏尔的《都市革命》，重新思考了地理学和城市问题。在哈维看来，新一轮的“时空压缩”同样是以“时间消灭空间”的面貌出现的[2]。

与哈维同时代的英国学者多琳·马西在《空间、地方与性别》中提出了马克思主义女性主义的空间、实践和地方概念，其中部分研究是通过批判哈维的空间政治理论展开的[3]。

马西理论中的“地方”是对空间概念的具体化，是从广义上而言的，包括家庭、城市社区、产业区位等。其《全球地方感》中所涉及的地方概念主要指城市社区（伦敦基尔本区），这是一个高度国际化的社区，居民来自世界各地，久而久之便形成了一种全球地方感（也就是本土化的地方感带有了世界性的色彩），也可理解为一种都市化的空间。在马西看来，空间是相互关系的产物，她对于哈维的空间政治理论的批判，是在同一语境、同一种空间概念下的批判。

在马西看来，问题并不在于地方性议题本身，而在于人们界定“地方”的逻辑。“地方认同”的概念具有一定的开放性和暂时性。一方面，认同感的形成是多元的，同一个地方的居民会拥有不同的认同感，地方认同不是源自一些内在化的历史，它主要还是源自与“外界”相互作用

[1] 《马克思恩格斯全集（第46卷下）》，北京：人民出版社1980年版，第33页。

[2] 包亚明：《后大都市与文化研究》，上海：上海教育出版社2005年版，第8页。

[3] 丁乙、袁久红：《对大卫·哈维空间政治理论局限性的批判反思——来自马克思主义女性主义者多琳·马西的视角》，《马克思主义与现实》2017年第1期。

所产生的特性。如果我们以一种消极的立场来建构认同感，结果就是将地方塑造为一种有边界的封闭体，而哈维正是遵循这样的逻辑脉络，才产生出对于地方性问题的担忧。马西解放了"地方"概念，使其能够顺利融入"时空压缩"的进程之中。相较于哈维的消极，马西构建的是一种动态的、积极的全球地方感。

在《全球地方感》中，马西以自己居住的伦敦基尔本区为例，指出了那里居住的大部分人口并非传统的本地人，而是来自印度、中东、爱尔兰等地，他们带着自己不同的文化、习惯和记忆来到这里，同时用自己的方式改变着这个地方，这里所形成的地方感就不再是简单的族群感，没有明显的排他性。地方在包容各种文化的同时也逐渐形成一种全新的地方认同感。虽然随着时间的变迁，地方原本的特性发生了改变，但也暗示了新的地方特色正在生成。也就是说，地方在经历均质化的同时也产生了新的多样性。这就是马西提出的建立全球地方感的内在逻辑。如果说哈维担心"基于地方"的政治讨论与建构会激发"扎根式"的、排外的地方感的话，那么马西在基尔本显示出的地方感就是一种"扎根式"的、包容性的地方认同。在此基础上，她提出了"全球地方感"的概念。

马西对哈维的批判还基于性别空间。性别特征是空间的一个重要属性。空间的这种性别属性在资本积累与空间生产的过程中体现得尤为突出，并主要以性别分工的方式展现出来。性别分工不仅仅是一种职能上的划分，更近一步左右了产业资本的空间结构及社会生产关系。在哈维的资本逻辑中，并未将男性与女性之间的收入、地位、工种等方面的差异纳入研究视野中，这导致的一个后果是，哈维在讨论资本积累与"空间修复"理论时，女性这个角色总是处于缺席状态，女性角色作为社会关系的重要变量，对哈维而言可有可无，最终其建构出一种"无性空间"或"单一性别空间"。马西指出哈维的这种空间理论面对的似乎只有西方的白人男性，而社会的边缘人士，尤其是女性，往往是不在场的。

4. 叙事：文化诠释的理论立场

当代叙事理论脉络复杂，不同理论立场对叙事结构、该结构与社会关系的描绘也大不相同。在当代马克思主义者的文化诠释中，詹姆逊的叙事理论是最重要的理论之一。在他看来，叙事这个范畴被证明是文化分析最合适的方式。“文化”不再是偶尔看一看月刊或开车闲逛，而是消费社会本身的因素；没有一个社会像这个社会一样充满着符号和讯息。直到这个社会的文化无处不在，并且已经隐约可见，我们才能建构出对今日政治实践的功能及本质的真正概念。

詹姆逊指出历史具有真正的物质性，它从来没有被化约为符号，而知识在“文本”的状态下才能接近我们。真实必须借阐释性典范的中介传递给我们。我们的文化涉及对所接受的正本进行转化，而文化借着建构、转化我们接受历史的叙事典范，定义了历史相互指涉的存在。也就是说，历史不断在叙事化符号中被错置及创造，历史存在于特定叙事组织的实践中。然而，这个叙事化过程并未消解社会和文化间的基础与上层建筑的分野；相反地，它使詹姆逊跟随列维-斯特劳斯的观点，重新建构它们的关系。文化将符号领域转化，为基础的政治和经济提供解答，而叙事则成为一种生产模式及社会生产模式。

应星强调以叙事为基础的质性研究对于认识中国社会的重要性，并讨论了叙事研究的应用及限度问题。他认为叙事方法的独特价值在于可以展现中国转型时期的复杂过程性、中国社会体制运作的变通性、中国社会日常生活的模糊性等特点。但是叙述研究的关键在于是否有问题感，即叙述的事件是否具有复杂性，是否关注到事件的偶变性，同时还要注意叙事的技术性[1]。

---

[1]　应星：《评村民自治研究的新取向——以（选举事件与村庄整治）为例》，《社会学研究》2005年第1期；应星：《略论叙事在中国社会研究中的运用及其限制》，《江苏行政学院学报》2006年第3期。

（二）中国城市理论

社会主义中国的城市发展始终与人民的地位密切相关。新中国成立前夕，毛泽东就指出：只有将城市的生产恢复起来和发展起来了，将消费的城市变成生产的城市了，人民政权才能巩固起来。在谈到城市建设要以恢复和发展城市生产为中心时，毛泽东指出如果不能“首先使工人生活有所改善，并使一般人民的生活有所改善，那么我们就不能维持政权，我们就会站不住脚，我们就会要失败”。为尽快恢复社会秩序，1954年全国人民代表大会常务委员会颁布实施了《城市街道办事处组织条例》和《城市居民委员会组织条例》，在城市基层逐步建立了以单位制为主、街居制为辅的城市管理系统。

1963年，中共中央、国务院召开第二次城市工作会议，报告指出：我们的城市，是工人阶级领导的、面向农村的、城乡结合的社会主义城市。城市工作要更好地为工业生产服务，为城市人民生活服务，更好地为农业生产服务，为农村人民生活服务。1986年通过的《中华人民共和国规划法》将人本主义城市规划思想纳入法制化轨道。90年代开始强调城市发展要以人为中心，但在资金紧缺的年代里，“人民城市”的概念则更侧重于动员、调动和组织广大人民参与城市建设。

2003年，我国首次提出科学发展观的核心是以人为本。党的十八大以来，党中央强调中国必须坚持贯彻落实“以人民为中心”的治国理政思想，把以人民为中心作为治国理政的工作导向和价值取向。新时代面对城市工作的新形势，习近平总书记指出：城市空间作为国家治理的主要阵地，必须要将人民民主的治国理念贯彻落实到城市治理的全方位和全过程，以人民参与作为城市建设和城市治理的出发点，以满足人民对城市美好生活的需求作为城市建设和城市治理的根本点。

1. 人民城市：中国特色城市建设的新论述与新理念

“人民城市”的概念最早是在2015年12月的中央城市工作会议上

提出的。会议分析了城市发展面临的形势，明确了做好城市工作的指导思想，提出了“人民城市为人民”的命题。习近平总书记提出了“做好城市工作，要顺应城市工作新形势、改革发展新要求、人民群众新期待，坚持以人民为中心的发展思想，坚持人民城市为人民”的要求。

党的十九届四中全会明确提出坚持和完善中国特色社会主义制度、推进国家治理体系和治理能力现代化的总体目标。坚持和完善中国特色社会主义制度、推进国家治理体系和治理能力的现代化，是全党的一项重要战略任务。上海是全国最大的经济中心，也是世界超大城市的代表，走出一条符合超大城市特点和规律的新路子，是关系上海发展的大问题。全会闭幕后的两天，习近平总书记赴上海考察，并在上海城市空间科学改造范例所在地——杨浦区大桥街道滨江，提出“人民城市人民建，人民城市为人民”发展新理念，并强调要深入学习贯彻党的十九届四中全会精神，着力提升城市能级和竞争力，不断提高社会主义现代化国际大都市治理能力和治理水平，让人民群众有更多获得感、幸福感、安全感。

2020 年，中国共产党上海市第十一届委员会第九次全体会议审议通过了《中共上海市委关于深入贯彻落实“人民城市人民建，人民城市为人民”重要理念，谱写新时代人民城市新篇章的意见》，提出未来上海发展的五大目标，并指出“人民城市人民建，人民城市为人民”的重要理念深刻阐释了城市属于人民、城市发展为了人民、城市治理依靠人民的人民性[1]。

党的十九大报告明确指出，我国社会主要矛盾已经转化为人民日益增长的美好生活需要和不平衡不充分的发展之间的矛盾。当前国际局势风云变幻，在这样的背景下，人民城市理念系统回答了新时代中国建设什么样的城市、怎样建设城市的重大命题，城市建设要以满足人们对美好生活的需要为根本准则，不仅要进一步提高人民物质文化生活水平，

---

[1] 谢坚钢、李琪：《以人民城市重要理念为指导推进新时代城市建设和治理现代化——学习贯彻习近平总书记考察上海杨浦滨江讲话精神》，《党政论坛》2020 年第 7 期。

更要满足人民对民主、法治、公平、正义、安全、环境等方面的要求。在"两个一百年"奋斗目标的历史交汇期和社会主义事业发展的重要战略期，这为新时代中国城市建设治理指明了方向。

不可否认的是在城市化的进程中，城市发展的确面临诸多挑战。建设什么样的城市，怎样建设城市，是当下的问题。面对中华民族伟大复兴和人民群众对美好生活的向往，社会主义国际化大都市建设"往哪走、如何走"成为时代课题。人民城市理念指出了新时代城市发展的方向和路径，为城市建设的实践提供了指导。

2. 人民城市论是对马克思主义城市理论的新发展

人民城市论深化和拓展了马克思主义城市理论的内涵。马克思主义经典作家的城市学说主要从阶级关系、城乡关系、生产力和生产关系的辩证关系等视域出发，以毛泽东、邓小平、江泽民、胡锦涛等为代表的中国共产党人继承和发展了马克思主义城市理论，推进了马克思主义城市理论的中国化发展进程，分别从中国革命、建设和改革发展的视角对中国城市建设和发展问题做出论断、发表观点、研究政策并开展实践。人民城市论是马克思主义辩证唯物史观在城市空间的集中反映，科学阐明了城市的三个基本哲学问题，强调了城市属于人民、城市发展为了人民、城市治理依靠人民的人民性。

人民城市论主要围绕"城市属于谁""城市为了谁""城市依靠谁"等理论问题展开，是一个系统完整、逻辑严密的科学理论体系。

随着社会主要矛盾已经发生历史性变化，城市发展的主要矛盾也转变为人民群众对美好的人居环境和生活品质的需要与城市发展不平衡之间的矛盾。在这样的城市发展背景下，人民城市论打破了传统城市发展模式的路径依赖，明确提出了"人民城市为人民"的重要论断，深刻回应了"城市为了谁"，确立了坚持人民利益至上的根本价值立场。习近平总书记指出，无论是城市规划还是城市建设，无论是新城区建设还是老城区改造，都要坚持以人民为中心，聚焦人民群众的需求，让人民有更多获得感，为人民创造更加幸福的美好生活[1]。

学者从不同视角，就人民城市的时代内涵，新时代人民城市的理论来源，中国特色社会主义城市治理的价值取向、治理主体、目标导向、战略格局和方法路径，人民城市建设过程中的价值关怀与治理限度的矛盾与挑战等方面展开阐释。

（三）日常生活理论

卢卡奇在《审美特性》中阐发了日常生活所具备的本体论意义，指出日常生活的直接性、惯常性和功能性的三个基本内涵。在他看来，日常生活的这种本体论规定了一种全面的直接中介，而这种中介乃是使得大多数人通过自己时代的思想倾向发生具体联系的形式。卢卡奇认为在商品和资本的奴役下，异化成为现代社会多数人的归宿，压抑人的自由本性，日常生活中的人的个体性无法得到充分的尊重。赫勒在《日常生活》中指出日常生活场域也是文化场域，人们的思想、思维、习惯、经验和态度等，终将以文化的形式体现在日常生活里。

总之，无论是卢卡奇的日常生活本体论、赫勒的日常生活革命性，还是列斐伏尔的日常生活辩证批判，都将思考投向了日常生活，注重通过微观的日常生活领域进行文化重塑和价值塑造。日常生活虽然不具备历史宏大叙事的整体性，但其侧重点是历史中的人民。从微观层面反映历史，这体现了西方马克思主义者对日常生活的总体构想。

从平凡的生活出发，本书除了介绍与描述居民的生活之外，也会穿插学术性的理论与社会学及文化研究的一些概念，去理解与分析平凡生活是如何被更大的政治经济所建构与影响的。

质性研究方法关注的问题与方向可以分为三大方向：其一，关注社会和文化，譬如民族志研究，包括案例研究和扎根理论；其二，关注个

---

[1] 《深入贯彻党的十九届四中全会经济 提高社会主义现代化国际大都市治理能力和水平》,《人民日报》2019 年 11 月 4 日。

人生活经验，以现象学为例，包括女性研究、生活史研究等；其三，关注语言与交际类，如口头方式的文本表达，以及社会语言学，包括叙事分析、话语和对话分析等。这三个方向均有探究研究对象的日常生活的可能，特别是关注社会和文化，以及关注个人生活经验这两个方向，都涉及研究与日常生活有关的各种社会问题、社会现象与社会关系。由小见大，见微知著，意味着那些让研究对象不以为意的日常生活也能成为我们的研究重点，让我们从平凡中发掘有用的、有趣的、有意思的质性数据。

根据列斐伏尔所建议的，日常生活中的平凡细节往往可以让我们发现不平凡的事情。列斐伏尔提出把日常生活理论化，并指出理解日常生活的两种重复性的法则：第一，周期性的重复，那是根据自然定律的重复，如春夏秋冬或日夜的更替，便是列斐伏尔提出的周期性重复；第二，线性的重复，那是涉及过程与理性的线性重复，这个进程可以在生老病死的人生历程中体会到。

在日常生活中，重复性的事情也可见于我们的身体定律，饥饿有时，满足有时，渴望有时，就像日夜的替换。在现代社会中，日常生活中的重复性也包括工作和消费。比如说，洗衣液用完了，要买新的，这些重复性既有消费属性，也是我们现代人日常生活中的一部分。然而，在探索大桥街道居民的日常生活中，那些毫不起眼的、平凡中的更替会否与其他社会背景下的“你与我”有所分别？在探究一个社会群体的日常生活时，那些平凡的、零碎的、不值一提的事件，为什么可以帮助我们理解国家和整个世界的时代背景呢？

作为研究人员，我们视“日常生活”为一个重要的概念，那么我们该如何概念化大家每日的生活呢？这个“日常”与“生活”指的又是什么呢？受访对象经常会说：“我的生活没什么特别，没有什么好说的。”对他们来说，他们的生活平凡而没有什么特别的事物可以与我们分享。他们很难理解，其实他们生活中的任何细节，都有可能成为我们重要的质性数据。因为质性研究选取的研究主题和问题是整个研究的关键，我们可以假定研究主题是“贫困家庭的日常生活与城市化的关联——以菜市场的减少为例”，那么我们会就有关城市发展使菜市场减少的情况进行提问，它如何影响贫困家庭采购者的日常生活，譬如买菜的钱会不会增加了，去买菜的路会不会长了，这些在城市化的影响下，改变着人们每一天生活上的细节，看似是平凡的，却又和城市发展、国家政策有着密切关联。

第三节 章节安排与主要内容

本书共有正文五章，另附有附录。

第一章绪论部分首先介绍本节的研究缘起和研究意义，其次介绍本书研究什么，也即有关的研究问题、研究对象与内容。通过田野调查的方式，我们旨在记录和分析上海杨浦区大桥街道居民参与城市建设和发展的日常生活。最后介绍我们如何研究？即本书所采用的研究方法、概念和理论及研究大纲。本书的方法论图谱为马克思主义的辩证思维方法，即把城市的要素、现象、问题等置于辩证唯物主义视域之中，以历时与共时、一般与个别、整体和局部、宽度和深度相结合的方法，得出对城市的规律性认识。本书采用以人为本的研究框架，即把坚持以人民为中心的历史唯物主义的根本原则，贯穿于多学科城市研究之中，建构城市发展与人的存在、城市建设与美好生活的关系，深刻回应发展“为了谁”“依靠谁”“如何共享发展成果”等一系列问题，体现城市发展和城市研究的人文价值取向。

第二章概述杨浦区在工业发展与城市化发展过程中，大桥街道的历史沿革和演进、现在的建制以及里弄最早的社会治理空间——居委会制度，为下文的铺展提供知识背景。

第三章首先介绍城市的里弄生活，再以大桥人的口述，记录下他们记忆中的故事。2018—2021 年，研究团队对 59 位大桥街道居民进行了访谈，并对其中近 20 人进行了深入的访谈[1]。通过口述的方式，记下了他们的人生经历。从新中国的成立，到上海成为现代化国际大都市，作为从工人新村走来出来的居民，他们分享的日常生活点滴正是大时代发展的印迹。同时，我们沿着大桥街道的两条主要的百年马路：杨树浦路和长阳路，重访沪东工业区和沪东工业区北片纱厂区。

第四章从地方经验、地方知识、地方空间三个维度探讨大桥街道居民日常想象的共同体：社区空间实践模式。首先记录城市更新中的杨浦滨江叙事——杨浦滨江公共空间以及改造后的具有集体记忆的工业遗迹是如何形塑居民的城市认同的。其次记录大桥街道在城市化发展过程中如何为人民打造居住、治理和共享空间，并形成有上海特色的“地方认同感”。

第五章为结语。本书记载着生活在大桥街道的居民的故事和他们的叙事。他们有着共同的生活经历和“大桥记忆”：每逢下雨天的水漫金山，或是作为棉二代曾经历过的 90 年代棉纺织工业转型、顶替回沪等，以及如今共同经历着的旧改等事件。

第六章为附录，为学生在大桥街道访谈过程中的部分田野日记，记录着他们眼中的大桥街道和大桥人的故事。

---

[1] 感谢庄士成老师、陈瑞芳老师、刘振华老师和学生团队参与口述访谈项目，本书封面照片由庄士成老师提供。书中手绘地图由鱼晓清同学绘制。

第二章

大桥街道的形成

第一节　杨树浦的历史与演进[1]

大桥街道，地处杨浦区境中南部。杨浦区位于上海市中心东北部，是上海市区中工业发展得最早最集中的一个区。杨浦成陆于唐末宋初，区境属华亭县高昌区。元至元二十九年（1292 年）属上海县高昌乡。清雍正二年（1724 年）后，虬江以北属宝山县。同治二年（1863 年）和光绪二十五年（1899 年）南部沿黄浦江地带曾被划入公共租界。上海县在 19 世纪 60 年代便呈现一地两制、华界与租界共处分支的行政管理格局，上海近代城市化、现代化率先在租界区启动。

民国元年（1912 年）虬江以北属宝山县殷行乡，虬江以南、租界以北属上海县引翔乡。1927 年上海特别市政府成立，租界以北分属引翔、殷行和江湾区。1945 年 12 月，区境分属杨浦区、榆林区和新市区。1950 年 6 月，杨树浦区改称杨浦区。1960 年 1 月，榆林区并入杨浦区。1984 年 9 月，宝山县五角场镇和殷行地区划入杨浦区。

杨树浦是纵贯于杨浦区境中部的一条主要河流。1863 年 9 月，英租界、美租界合并成英美租界，被纳入工部局市政规划实施范围。1871 年，工部局自行在自来火厂苏州河对岸及距离杨树浦（港）出口处 3 公里的高郎桥（今长阳路兰州路）竖立界石[2]。1899 年，今长阳路以南划入租界区，高郎桥地区的工业化进程相应启动——筑马路、开工厂。

1869 年，英租界筑路至杨树浦，以浦为路名。杨树浦的马路曾是清

[1] 上海市杨浦区人民政府编:《杨浦区地名志》，上海：学林出版社 1989 年版。
[2] 史梅定主编:《上海租界志》，上海：上海社会科学院出版社 2001 年版，第 96 页。

末公共租界筑路工程的最重要业绩之一。1899年后，工部局筑路重点在曹家渡和杨树浦两个工厂区。东西向的干道有4条：杨树浦路（1872年）、长阳路（1901年）、平凉路（1902年）、唐山路（1904年）[1]，其中杨树浦路、长阳路、平凉路构成了大桥街道的三条主干道。1899年7月，上海公共租界东界越过杨树浦桥东扩，自今周家嘴路自西向东画一直线，横穿引翔港，到顾家口（今平凉路底）[2]。这条1899年的公共租界线，被视为近代沪东地区租界与华界行政辖区的实际分界线，也是近代上海都市与传统乡村文化景观对视的界标。这条线也将大桥街道纳入传统工业的图景之中。

公共租界的公用事业先后在杨树浦路落户，煤气厂始于1865年，自来水厂于1883年投产。1925年，杨树浦水厂的供水区东至杨树浦底，西至今绥宁路。发电厂于1882年供电，1913年江边电站（杨树浦）落成发电[3]。公共租界的三大公用事业落户杨树浦，带动沪东、沪西两岸工业区的崛起。

20世纪20年代初，《新青年》发表《上海劳工状况》一文，称"近年来上海的工厂，一天发达一天了。其中纱厂为最多数，那贫民的生计，便因此一振。杨树浦一带，竟可称他为一个工业社会"。随着工业的发展和工人运动的兴起，杨树浦也成为上海工人阶级最集中的地方。毛泽东曾在杨树浦码头为中国第一批赴法勤工俭学的学生送行；周恩来在领导上海工人第三次武装起义时曾亲临杨树浦部署指导工作；刘少奇曾担任沪东区委书记，领导沪东工人运动。杨浦革命斗争的历史，也是中国共产党领导下中国工人运动史的缩影。

随着工业的发展和工人运动的兴起，遂形成了习称片区地名。抗

---

[1] 罗苏文：《高郎桥纪事：近代上海一个棉纺织工业区的兴起与终结（1700—2000）》，上海：上海人民出版社2011年版，第12页。

[2] 施叔华主编：《杨树浦志》，上海：上海社会科学院出版社1995年版，第14页。

[3] 施叔华主编：《杨浦区志》，上海：上海社会科学院出版社1995年版，第257页。

日战争胜利后，在此设置第二十区（杨树浦保甲区），1948年改称杨浦区。大桥街道是其下辖的一个街道。杨浦区近代工业始于19世纪70年代，经过一百余年的发展，到今天已形成一个以纺织、轻工、机械、造船、公用事业和鱼类加工等门类比较齐全的综合性基地。工业的发展对杨浦区，尤其是工业密集区大桥街道的城市化建设起着决定性作用。

1843年上海开埠以后逐渐成为全国最大的贸易中心，当时有识之士提倡事业救国以富国利民。1878年，官督商办的上海机器织布局在杨树浦以东选址筹建，于1980年投产，占地300亩，拥有织布机530台，是全国最早的机器棉纺织厂。1880年，英商自来水公司在杨树浦南侧筹建水厂，1883年6月29日落成制水。1913年4月13日，工部局电气处新厂（今杨树浦发电厂）建成运行发电。

1914年第一次世界大战爆发，英德等国无暇东顾，民族工业趁势崛起，荣氏家族的申新五厂（国棉三十一厂前身）、六厂；永安系统的永安一厂、五厂；正泰橡胶厂（回力鞋厂前身）等陆续兴建。一战结束后，英美等国卷土重来时，上海纺织业已建有大小工厂108家。

杨树浦路以南沿黄浦江一带，是最早开发的地区，在2.5平方公里的狭长地带，全部为工厂所占有，成为上海市区少有的成片工业街坊，公用事业中的发电厂、自来水厂和煤气厂，大型的纺织厂、制皂厂等都设在这里。

工业建设推动了市政建设和公用事业。市政建设为工厂的设置创造了条件。从1869年辟建杨树浦路开始，至1927年道路网形成，公用事业的水、电均相应配套建设。1927年，长阳路开始行驶17路无轨道电车。

从杨浦区的居住状态来看，直至19世纪中叶，该区域尚属县郊僻壤，有农民自建住宅形成的自然村落。直至光绪三十年（1904年）区域内才出现第一批里弄住宅，清同治二年（1863年）、光绪二十五年（1899年），租界两次扩张至区境南部，中外资本家纷纷利用水路运输的便利在杨树浦一带沿江开设工厂[1]。20世纪初，工业建设也促进了商品住宅的兴建。工业的发展要吸收大批工人，人口集中，住房问题势必产生。早在1905年，公共租界工部局就指出：“人们可能会惊奇地发现，杨树浦的人口已相当多了，在租界边缘有一个村庄，那儿有2 000人左右。”[2]当时房地产开发商开始沿杨树浦路北侧兴建，并逐步向北沿平凉路日本纱厂沿线以及延伸到东面杨树浦路、军工路一带大量兴建里弄、工房，形成数量众多的住宅群[3]。淞沪抗战中，杨树浦区域处于战争前沿，不少日本人的纱厂成为日军据点，在相持的战役中毁于战火的里弄不少，有些甚至沦为棚户区。

第二节　大桥街道建制与住宅类型

一、大桥街道的建制

大桥街道因杨浦大桥西引桥延伸贯穿辖区东西而得名，原是一个以旧房、简屋为主的老村街道。地境原属上海县高昌乡，1954年，地境为杨浦区第一办事处和第七办事处。1955年，杨浦区第一办事处改名为眉州路办事处。1968年称眉州路街道，1991年全区街道撤并调整时，眉州路街道撤销，并入大桥街道。

眉州路街道地境城市化建设始于19世纪70年代，公共租界越界筑杨树浦路，自西向东穿越境内南部。1878年李鸿章提倡洋务运动时，在杨树浦路以南创建官督商办的上海机器织布局。1899年地境沦为公共租界后，外商在境内建造了一批工厂。第一次世界大战后，中国民族

---

[1]　寿幼森：《上海老弄堂寻踪》，上海：同济大学出版社2017年版，第148页。
[2]　上海市杨浦区人民政府编：《杨浦区地名志》，上海：学林出版社1989年版。
[3]　寿幼森：《上海老弄堂寻踪》，上海：同济大学出版社2017年版，第148页。

工业在这里办起了永安纺织一厂、大华印染厂、正泰橡胶厂、上海毛绒厂等。

工业的发展推动了道路和住宅建设的发展。道路建设除了已经筑成的杨树浦路以外，1909—1915 年筑成的还有平凉路、杭州路、眉州路、西湖路、宁国路、松潘路和临青路等。从 20 世纪 30 年代开始建有砖木结构二层楼旧式里弄房屋 42 条里弄，分布在华忻坊、新华里、永安里等地。大桥街道是旧式里弄较为集中的地区之一。1937 年抗日战争全面爆发后，日军在杭州路等地开辟三个养马场。1945 年抗战胜利后，苏、鲁、皖来沪谋生者到此定居搭建大批草棚、简屋，形成较大规模的棚户区。

新中国成立后，大桥街道成为工厂和住宅的混合区。棚户区内的草棚、简屋都已翻建成砖木结构的瓦平房或两层、三层楼房，并接水、接电，铺设下水道，居住条件有所改善[1]。

1955 年，第七办事处改名为宁国路办事处。1965 年称宁国路街道。东至宁国路，西至杨树浦港，南至平凉路，北至尤家浜。地境有河流 13 条，包括引翔港。1899 年，今长阳路以南沦为公共租界后，地境开始逐渐开拓，1913 年开始陆续建有华德路（今长阳路）、平凉路、眉州路和宁国路等道路。交通便利为工业发展创造了条件。德大纱厂、三友实业社毛巾总厂、厚生纱厂、东华纱厂、亚细亚钢业厂和美丽印染厂等工厂陆续建起[2]。

宁国路街道的住宅建设发展于 1921—1931 年间。河间路一带有六条里弄，在平凉路、临青路东北侧建有大纯、同兴纱厂职员住宅 200 多幢新式里弄房屋。抗战胜利后，人口激增，人们竞相在工厂和自然村之间的农田、空地上搭屋定居，与自然村连成一片，成为棚户最集中的街道之一。

---

[1]　许云倩：《雕栏玉砌应犹在：杨浦卷》，上海：百家出版社 2010 年版，第 51 页。

[2]　许云倩：《雕栏玉砌应犹在：杨浦卷》，上海：百家出版社 2010 年版，第 11 页。

新中国成立后，宁国路街道成为工厂区，扩建一批工厂，占地面积1.62平方公里，为街道总面积的72.2%。原棚户区内草棚、滚地龙均已翻建成砖木结构的平房或楼房。后又陆续拆除了长阳路、平凉路、双阳路、周家嘴路、引翔港镇等地的大批棚户。1999年2月，周家嘴路以北、赵家桥以南0.02平方公里划归控江街道，辖区面积4.41平方公里。1991年，街道办事处设在宁国路472号，1993年迁至平凉路1782弄33号。1998年3月，移址眉州路871号至今。1991年9月，撤销宁国路和眉州路街道建制，同时并入隆昌路街道宁武路、杨树浦路、平定路以西区域，设立大桥街道。街道东起隆昌路、宁武路、平定路，与定海路街道接壤；西沿杨树浦港，与平凉路街道、江浦路街道交界；北至周家嘴路，与控江路街道、延吉新村街道相邻；南至杨树浦路，临黄浦江与浦东新区隔江相望。辖区面积3.99平方公里。截至2020年，大桥街道户籍人口10.96万人，有29个社区。截至2021年10月，大桥街道下辖21个社区。

1991年，辖区内有大中型工厂63家，职工99 042人，占地面积2.4平方公里，占街道总面积60%。1991—2003年，有31家工厂相继关、停、并、迁，置换土地904 484平方米，其中置换为新型住宅土地541 173平方米，占60%。10多年间，先后拆除38块基地，动迁居民4 463户，拆除旧房面积227 460.78平方米。2003年，辖区67%为新村住宅，12.7%为旧式里弄，20.3%为棚户、简屋。

1992年起，配合杨浦大桥建造，大桥街道陆续对辖区内27条道路规范立面、平面整治。投资近600万元，创建1 400米长的长阳路景观道路；完成兰州河东岸河道样板段整治。大气污染排放、环境噪声达标；1999年，创建市一级卫生街道。平凉路（临青路—宁国路）为上海市文明示范标志区域。2000年，马路菜场全部入室。2003年，街道绿化覆盖总面积344 057平方米，绿化覆盖率8.6%。辖区75%的居民生活在文明小区内，77%的居委会创建为市级社区建设示范居委会。

1999年，街道出资800万元买断杨浦电影院产权，又投资数百万元将其改建成社区文化中心；投资35万元在平凉公园建成社区居民健身苑。从1995年起，每年开展为期一个月的近万人参加的“桥”文化广场系列活动。

作为中国近代工业的发源地，大桥街道的滨江地区原本是上海最先发展起来的地区之一，这个地区早在上海解放之前就已经建设成型。沿着杨树浦路遍布的工厂里，聚集了新中国的一代产业工人。他们工作于此，也大多生活在附近。里弄曾经是居民主要的栖居地，如今一个个已经变为二级旧里的弄堂。

二、大桥街道的住宅类型

大桥街道的住宅类型主要为老公房、工房、棚户区和旧式里弄。

（一）老公房

老公房从字面意思上可理解为老式的公房，用以区分1998年房改以后的商品房。老公房指的是由政府和国有企业、事业单位投资兴建的住宅。解放初，政府对职工住房主要采取统建统分的福利政策，由地方财政统一拨款建造。50年代起，有的产业系统和企业单位用福利基金建造了少量的职工住宅。据统计，到1976年，铁路、邮电、造船等系统和大厂自建住宅80万平方米。1978年，国家建委、计委、财政部等联合发出通知，要求遵照中央关于“职工住房问题，要由国家、地方、企业共同努力，有计划地逐步加以解决”的指示。而上海的大型企业和有经济实力的单位早在1977年，就开始用职工福利基金和企业基金建造职工住宅，以补政府统建的不足。

自建公助是指企业、政府房管部门帮助职工自建住宅。1956年5月，全国总工会召开了劳动保护生活住宅工作会议，随后全市最早进行自建公助的有上海第一、第六、第七棉纺织厂，各建了50户试验房，3个厂的职工踊跃报名，申请者达职工总数的5%～6%。新光内衣染织厂等公私合营企业也进行了这项工作。到1988年，企业自建住房投资达23.03亿元，政府统建住房投资仅为4亿元，企业投资为政府投资的近5.8倍；企业自建住房面积395.7万平方米，政府统建面积为79.2万平方米，企业自建住房面积为政府统建住房面积的近5倍。

眉州路云绿新村29号，属于高郎桥方子桥地区。1956年荣丰棉纺织印染厂和申新六厂在南尤家浜兴建两至三层楼房计70个单元，取名自两单位"荣""六"各一字加以谐音转为"云绿"。因新村较小，门牌冠以路名。该处住宅系采取的就是自建公助形式建房，即由职工出钱，单位帮助建造低标准住房[1]。眉州路永安新村62号，在上钢二厂西南侧。1957年由永安一厂建造砖木结构二层楼房多幢，售与厂内职工，以厂名命名为永安新村。总计有砖木结构三层楼房1幢、二层楼房51幢、平房2间，现已拆除[2]。

自1956年下半年到1957年6月，全市建造自建公助房216幢，计7 968平方米，投入施工的有864幢，计4万平方米。

（二）工房

平凉路2767弄职7弄18号，原是1919年由日商钟渊纺绩株式会社所属公大纱厂建造的公大工房，作为本厂职工和工人宿舍。境内有小块园地根据房屋的标准与式样，按日侨人员的职务高低分类居住。1951年更名为上棉十九厂工房。因原系职员居住，门牌中加注"职"字作为区分[3]。

同兴纱厂工房位于平凉路宁武路以西约200米的平凉路1777弄，

[1] 参见"上海门牌研究所"公众号。
[2] 参见"上海门牌研究所"公众号。
[3] 参见"上海门牌研究所"公众号。

周边是 20 世纪 80 年代的排屋式新工房。1777 弄 51 号是原来日本同兴纱厂老板的住宅，后来才成为住宅区，东西两侧各有三排联排小型别墅，砖木结构，布局和装饰具有明显的日本传统建筑特征。

当年建筑这片工房的同兴纱厂，其总部于 1920 年 5 月设于上海，名为“同兴纺绩株式会社”，总厂设立在杨树浦路 2086 号，并在江宁路 1383—1399 弄设有同兴一厂。

东、西白林寺位于杨浦区隆昌路长阳路以南、河间路以北，由于隆昌路的阻隔分成东西两片，因此被分别称为东白林寺和西白林寺。1930 年起，日本开始加大在华扩张，特别是其纺织业迅速挤压华商纺织业，沿黄浦江和苏州河由于离苏北棉花产地较近，通过水路运输十分便利，原来英商、华商的纱厂也都靠近杨树浦一带，因此这里成为日本纱厂扩张的首选之地，其中迅速崛起的有大康纱厂（后国棉十二厂）、公大纱厂（后国棉十九棉）、裕丰纱厂（后国棉十七厂）等，其中以大康纱厂规模最大。为了解决纱厂管理人员的居住问题，大康纱厂率先于 1921 年在隆昌路附近兴建大康工房，当年建造有 143 栋建筑，后来被称为东、西白林寺，西白林寺主要居住的是大康纱厂的老板和高级管理人员，东白林寺主要居住的是中层管理人员。

西白林寺小区包括 10 幢规格不一的日式花园住宅，原来有一个 25 米长的游泳池，早年的隆昌路第二小学、第二十五中学学生经常在这里上游泳课，每到 7 月，还要举行水上表演，有 3 米板的跳水表演、游泳比赛、水球比赛等。一路之隔的东白林寺的建筑显得较为逊色，这里基本上就是假二层连体住宅[1]。

（三）棚户区

棚户区是一个以没有规划的私人搭建的草顶竹架的草棚和极简陋的

[1]　许洪新编:《回梦上海老弄堂》，上海：上海科学技术文献出版社 2004 年版，第 151—154 页。

平房为主体的聚居地。19 世纪晚期，沿黄浦江两岸形成了第一批这样的居民点，居住的大部分是苏北人，他们来到上海码头干活[1]。随着 20 世纪初杨树浦地区盖起了工厂，来厂里和沿码头附近干搬运工的苏北移民在附近建立棚户区[2]。根据《上海棚户区的变迁》[3]记载，后来成为棚户区的药水弄原是苏州河沿岸的空地，住着不下十几个农民。到 20 世纪 30 年代，药水弄成为一个拥有 1 000 多草屋居民的居民区。与此同时，沿杨树浦路和平凉路一带的杨树浦地区的居民区一个接一个涌现。

杨浦区的棚户形成较早，但大规模的发展是在抗日战争胜利以后。早在 19 世纪 70 年代，帝国主义大量侵占黄浦江南岸滩地，兴建码头、船坞时，码头工人就利用家乡摇来的船，搭草棚或者滚地龙，作为栖身之所，形成早期的棚户。工厂兴建后，工人在工厂附近搭建草棚，逐渐形成连片的棚户区。1932 年“一・二八”事变和 1937 年“八一三”事变中，日寇两次侵犯上海，大批住房毁于战火，居民在废墟上搭棚栖身，棚户区进一步扩大，有引翔港、眉州路等处。其中沪东杨浦区境内规模较大的棚户区有杨树浦路、麦特拉斯路（今平凉路）一带的引翔港、茭白园、方子桥、定海桥等[4]，也就是高郎桥工业区所在地。

抗战胜利后，国民党发动内战，苏、浙、鲁、皖等省大批农民背井离乡，来到上海谋生，导致人口激增，棚户区又进一步扩大。根据 1949 年年底上海市民政局社会调查资料显示，榆林区人口增长 66%，住房 11 729 幢、棚户 8 371 间；杨浦区人口增长 99%，住房 5 608 幢、棚户区 8 371 间。

---

[1] 韩起澜编:《苏北人在上海，1850—1980》，卢明华译，上海：上海古籍出版社 2004 年版，第 42 页。

[2] 韩起澜编:《苏北人在上海，1850—1980》，卢明华译，上海：上海古籍出版社 2004 年版，第 42 页。

[3] 上海社会科学院经济研究所城市经济组:《上海棚户区的变迁》，上海：上海人民出版社 1962 年版。

[4] 上海市政协文史资料委员会编:《上海文史资料存稿汇编（市政交通，8）》，上海：上海古籍出版社 2001 年版，第 37 页。

（四）二级旧里

里弄可分为旧式里弄和新式里弄两种。旧式里弄包括早期石库门、后期石库门、广式里弄；新式里弄相较于前者的最大区别是取消天井，包括联排式和独立式。其中旧式里弄是上海市居住人口最集中、最拥挤的住宅类型。内部搭建多、设备条件差，不少房屋无卫生设备，如灶披间还改作了居室，因此旧式里弄是居住条件最困难的住宅类型[1]。

一般来说，联接式的广式或石库门砖木结构住宅，建筑样式陈旧，设备简陋，屋外空地狭窄，一般无卫生设备，如低矮破陋的危棚、简屋，统称棚户区，称为一级旧里；普通零星的平房、楼房以及结构较好的老宅基房屋为二级旧里。二级旧里是城市建设中拆迁改造的重点。比二级旧里条件好一点的住宅是 20 世纪 50 年代建造的职工工房，通常没有独立卫生间、厨房。一般是砖混结构，层数为四层或五层，但不称为三级旧里。

上海的里弄街区如今还存在于城市当中，人们对它是司空见惯的。上海里弄街区是上海市中心城区范围内，以 1949 年前后的城市肌理为基础，留存至今的以里弄住宅为构成主体，同时包含从属或服务于居住的其他功能的城市街区。街区是指被城市道路划分限定的城市空间，包括其内部的建筑、巷弄等作为人与社会载体的物质空间以及居民生活的社会空间[2]。里弄是上海历史文化精髓的集中体现,作为上海城市发展的肌理和脉络，承载着城市面貌和文化成形的记忆与片段，也是海纳百川的海派文化的体现。

小刀会起义和太平天国起义这两次运动使上海老城区以及外省城乡遭到严重破坏，大量人口背井离乡涌入租界。那时以英国为主的房地

---

[1] 斯范:《改造旧住宅的一个探索——介绍上海市蓬莱路 303 弄旧里改造试点工程》,《住宅科技》1983 年第 6 期。

[2] 李彦伯:《上海里弄街区的价值》，上海：同济大学出版社 2014 年版，第 18 页。

产商趁机在今广东路福州路一带建造数以百计的简陋木屋，出租牟利。这些结构简单、成本低廉的木屋就是上海里弄建筑的雏形。那时“石库门”仅作为广告词出现，虽然尚未形成一种文化符号，但传统分散而居的自由式聚落类型已经让位于比邻而居的聚居类型。

1860年太平天国起义军逼近上海，地主、富商纷纷迁居租界，以求庇护，由于租界人口骤增，许多人只好搭木板房栖身[1]。以后木板房不敷应用，1869年开始改建砖木立帖结构的里弄石库门房屋。1895年清政府与日本签订《马关条约》，允许外商在华开厂，英、日、德、美等国在上海开办了一些工厂，吸收了一批工人，遂利用廉价土地进行商品化住宅生产。这些房屋俗称石库门，是一种立帖结构，一条里弄有几十幢，多至百余幢，形成了一个个里、弄、坊。凡工厂所建的直接冠以厂名，如申新坊；也有根据姓氏命名的，比如华忻坊。在杨浦区，这样的里弄主要分布在大桥街道。

1927—1949年是上海里弄的繁荣时期。1949年全市共有弄堂9 214条，各式里弄住宅20万幢，占全市住宅面积的57.4%[2]。里弄在成为上海文化地标的同时，它那“逼仄压迫的贫民化空间”也被视作“精于算计、锱铢必较的上海小市民性格”的地理文化源头[3]。张爱玲在《到底是上海人》中形容上海人“是传统的中国人加上近代高压生活的磨炼。新旧文化种种畸形产物的交流，结果也许是不甚健康的，但是这里有一种奇异的智慧”。但正是里弄这种有限的公共空间滋养了居民间的互帮互助和自治精神。

1949—1989年是里弄空间的社会主义时期。1949年以后石库门所有权发生很大变化，产权归公，人口不断增长，很多独户房租给外人，

[1] 李彦伯:《上海里弄街区的价值》，上海：同济大学出版社2014年版，第18页。
[2] 许洪新编:《回梦上海老弄堂》，上海：上海科学技术文献出版社2004年版，第4页。
[3] 陈青长:《基于共生原理的上海里弄再生探索：以新兴顺里为例》，天津：天津大学出版社2013年版，第5页。

形成多户合用的单元状况，里弄处于超负荷状态[1]。

1989 年到现在，里弄进入城市更新时期。1989 年上海市政府提出住房制度改革的设想，计划在 20 世纪 90 年代建成 4 000 万平方米的住房，逐步改善上海市民的居住条件，随后确定拆除 36 万平方米的危棚、简屋。

第三节　里弄治理空间：居民委员会[2]

1949 年 1 月 3 日发布的《中央关于新解放城市对旧保甲人员的处理办法通知》中指出：少数有重大罪恶行为，人人痛恨的保甲人员，应予逮捕法办。但对一般保甲长在短时期内，仍须暂行利用，使之有助于社会治安之维持[3]。1949 年 5 月 27 日，人民解放军解放上海。次日，上海市人民政府宣告成立。

从 5 月 28 日起，上海经历了一年零一个月的军事管制阶段。市军事接管委员会同时对国民政府上海政务、财经、文教、军事四大部门实施接管。在军管之初，新政权的基层政治动员和组织工作以工会、青年团和民主妇联为载体，辅之以工商界联合会等统战性质的社会团体。当时的工作重心在企业、学校等单位。军管会按照 1 月 3 日的通知，在接管各区公所之后，对其下属的保甲组织“暂行采取既不承认也不宣布取消的态度”。在里弄安全防护、维持秩序及治安上，利用熟悉本里弄情况的保甲长个人开展工作[4]。1950 年，市民政局在总结工作时肯定了保

[1]　范文兵：《上海里弄的保护与更新》，上海：上海科学技术出版社 2004 年版，第 22 页。

[2]　主要参考张济顺：《国家治理的最初社会空间——二十世纪五十年代前期的上海居民委员会》，《中共党史研究》2015 年第 10 期。

[3]　《中共中央文件选集（第 18 册）》，北京：中共中央党校出版社 1992 年版，第 8 页。

[4]　《上海市人民政府工作总结（1949 年 5 月 27 日至 1950 年 4 月）》，《上海解放（上）》第 87 页，《上海解放（下）》第 441 页，北京：中国档案出版社 2009 年版。

甲长所起到的维持社会秩序的作用。

在实行利用保甲政策的同时，废除保甲的准备也在稳步推进中。军事接管之后，军管会接收与打乱了区公所的组织，并立即取消了保长，在原 3 ～ 5 个保的区域范围内设以接管办公室，下辖 90 ～ 150 个甲长。随着里弄逐步组织起来，甲长被撤销，取消保甲的时机成熟。接管办公室的任务由此完成，由公安局派出所取代。在区人民政府成立之后，由各区派出的办事处对辖区里弄行使行政管理职能，开始了"两级政府、三级管理"的体制。

保甲制的取消和在里弄中建立新的居民组织的工作同步开展。上海里弄中的人员关系复杂，立足上海里弄的现实，新政权的首要任务就是从庞杂的非单位人群中发现"积极分子"，并将他们置于一定的社会组织形式之中，通过他们去将居民最大限度地发动起来。"以家庭妇女、失业人员、摊贩和独立劳动者为主要工作对象"并由他们组成的居民委员会应运而生[1]。7 月底，接管工作基本完成。8 月初，接管阶段转入管理改造阶段，中国共产党第一次以执政者的身份直面这个被称为"魔都"的城市。

1951 年 4 月，上海市政府召开上海市街道里弄代表会议，根据陈毅市长在第二届各界人民代表会议上提出的"重点试行里弄、大厦居民代表会议的工作，大踏步地推进与扩展民主，加强人民民主制度"的要求,加快组织建设步伐[2]。这次会议将 2 000 多个具有自治性质的联防服务队改为居民委员会，明确居民委员会是群众自治性组织，并按照自然里弄分批进行民主选举。

会后，普陀区梅芳里被作为试点。1951 年 4 月 23 日，市、区民政工作组进驻梅芳里，具体协助里弄组织试点。1951 年 7 月，开始选举居民代表，共推选了 53 人，后即召开居民代表大会，会上着重讨论了

[1] 上海市民政局:《上海市居民委员会组织暂行条例（草案）（1950 年 10 月）》。

[2] 《本市举行街道里弄代表会》,《解放日报》1951 年 4 月 22 日。

居民福利安全问题，调动群众积极性。大会选举产生了居民委员会委员。居民委员会下设总务、福利、卫生、安全、文娱五个组，另设“妇女联合委员会”属居民委员会领导。至此，全市第一个里弄居民委员会在梅芳里诞生[1]。

1952 年 6 月，全市 80% 的里弄建立了居委会，将占市区人口 70% 的 324 万余名居民组织其中[2]。一年后居委会组织基本做到全覆盖,形成了一个自上而下的社会基层的组织网络。“居民委员会在共产党和人民政府的领导下，与里弄妇女组织一起做了不少工作，不仅密切了政府和居民群众的联系，并日益广泛地吸引了居民群众参加国家事务和公共事务的管理，对上海的经济恢复和建设工作、各项民主改革工作，都起了积极的作用”[3]。

从全市范围看，整顿后里弄组织中的干部成分发生了很大变化，工人、其他劳动人员及其家属占干部总数的 75.8%[4]，尤其是女性干部占比取得优势地位。

启用妇女来领导里弄工作是政府基层治理的新思路。一方面，家庭妇女一直远离权力中心，她们的社会关系最简单；另一方面，家庭妇女除了有作为人力资源和适合在生产服务的从属领域工作的特点外，又增加了政治上的可靠性。当时，家庭妇女大多社会化程度较低，她们在旧社会受压迫深，在解放后地位有了根本变化，她们对共产党的认同度远远超过其他阶级。居民委员会中妇女占多数的历史由此开始，她们在工作中表现出高度的积极性和责任感，尽管报酬很低或者没有报酬，但

[1] 王邦佐等:《居委会与社区治理：城市社区居民委员会组织研究》，上海：上海人民出版社 2003 年版，第 4 页。

[2] 上海市民政局:《一年来民政工作总结（节录）（1950 年 5 月 20 日）》,《上海解放（下）》，北京：中国档案出版社 2009 年版，第 469 页。

[3] 屠基远:《上海市居民委员会整顿工作情况——在上海市人民政府第 75 次行政会议上的报告摘要》,《解放日报》1954 年 12 月 17 日。

[4] 张济顺:《上海里弄：基层政治动员与国家一体化走向》,《中国社会科学》2004 年第 2 期。

她们在工作中仍任劳任怨，甚至放弃进入工厂的机会。其原因是居委会干部的光荣感、翻身感[1]。1953 年，上海居委会工作人员中妇女占到 37.3%，1954 年妇女干部比例超过半数，达到 54.6%[2]。

1952 年，上海市政府颁布《基层居民组织的暂行办法》（1954 年更名为《上海城市居民委员会组织条例》）规定大约 3 000 个居民成立一个居民委员会，下设保卫、文教、卫生、调解和福利等委员会。居民区内 10 ～ 20 户居民成立一个居民小组，每个小组选 1 名代表参加居民代表大会，大会每年选出居委会主任、副主任与 7 ～ 15 名委员。居委会是居民自治组织，但实际上要接受人民政府的领导，每月要向街道办事处汇报工作，召开居民代表大会也必须经办事处同意。上海的居委会制度首先在里弄和工人新村两个空间中实践。

1954 年，居民委员会作为一种群众自治组织出现在上海的里弄中，建立了几种不同的集体组织：生产性组织，为工人和他们的家庭提供住宿，让工人可以投入工作，增加生产；生活性组织，包括娱乐和运动的空间，公安局、基本的医疗诊所和一个提供公共设施的社区中心等；文化组织，办社区图书室、学校、读报组等来组织大家学习社会主义文化[3]。高尔顿指出，在治理上海的最初几年，群众路线的实施非常重要[4]。在居民区，工人家属通过居民委员会的组织，开展邻里互助、小组读报等活动，协助维持地方治安。通过实施"大众动员"政策，政府成功地在党员干部和群众之间建立起一个积极分子网络，保证了中央精神的上传下达，并建立了管理基层社会的两个平行体系：单位（工厂）和

---

[1] 王邦佐等：《居委会与社区治理：城市社区居民委员会组织研究》，上海：上海人民出版社 2003 年版，第 5—6 页。

[2] 屠基远：《城市居委会工作》，上海：上海人民出版社 1955 年版，第 19 页。

[3] 杨辰：《从模范社区到纪念地：一个工人新村的变迁史》，上海：同济大学出版社 2019 年版，第 59 页。

[4] Gaulton，R.H.. *Popular Political Mobilization in Shanghai，1949—1952*，Cornell：Cornell University，1981，pp.153—187.

居民委员会（社区）[1]。

1954 年，全国人民代表大会常务委员会通过《中华人民共和国城市居民委员会组织条例》。1989 年，全国人大常委会通过《中华人民共和国城市居民委员会组织法》，其中明确“居民委员会是居民自我管理、自我教育、自我服务的基层群众性自治组织”，“由城市居民群众依法办理群众自己的事情”。

作为由居民自行成立的群众自治组织，居委会最初的名称是“居民福利委员会”，其宗旨为“ 解决居民的公共福利问题”。这时期居委会主任和其他居委会干部在居民群众中有很高的威信。由于居委会干部长年累月与居民群众在一起，所以每家每户，不论是在家的家庭妇女，还是在职职工都认识居委会主任，有的年高的居委会主任几乎成了居民群众的“老长辈”，家里事、邻里事、弄内事，都会找居委会主任反映，请示居委会主任帮助解决，居委会干部与居民群众关系融洽，因此，居委会换届改选，推荐候选人等选举工作也比较顺利[2]。

1989 年的《中华人民共和国城市居民委员会组织法》，进一步明确居委会的性质与任务、组织与功能。90 年代初，随着人民生活质量日益提高，居民对社区服务的要求越来越高，居委会以社区为依托，以方便居民、服务居民、提高居民生活质量为基点，大力开展社区服务，建立社区服务中心，使便民服务经常化。

再次启用妇女来担任里弄工作是在 1996 年。这一年，上海市建立了中心城区“市、区”两级政府，“市、区、街道”三级管理，郊区“市、区、乡镇”的三级政府三级管理模式。同年，上海市集中精力积极探索和完善这座特大城市的现代化管理，提出“两级政府、三级管

[1] 杨辰：《从模范社区到纪念地：一个工人新村的变迁史》，上海：同济大学出版社 2019 年版，第 5 页。

[2] 王邦佐等：《居委会与社区治理：城市社区居民委员会组织研究》，上海：上海人民出版社 2003 年版，第 5 页。

理”的新体制。以这次改革为契机，率先向社区输送干部，为职工再就业开拓新的发展空间。1958年，社区输送大量劳动力支持了纺织工业的大发展，由于党多年的培养教育，那里聚集有大批优秀的工人和生产一线的干部队伍，他们担任书记、车间主任、工会主席和班组长，有着丰富的基层工作经验。38年后，纺织工业有一批经过长期实践锻炼的人才资源可以输送到社区，支援街道和居委会的建设……随后普陀区、杨浦区、长宁区等相继召开了为纺织干部专设的现场招聘会，大批纺织系统下岗和转岗的中层干部进入社区，成了社区工作的骨干。当时对纺织业来的居委会干部有三条标准：一是必须为区内居民，二是有高中、大专以上文化程度，三是有一定基层工作经验。在很多区，里弄干部用“3860部队”来概括,就是说60岁以上的女同志多[1]。这些从纺织业转岗到社区的居委干部都是在当地生活多年的老居民，了解社区实际情况，在为社区提供日常服务的同时，在有限的公共空间进一步强化了基层居民间互帮互助的自治精神。

[1] 中共上海市委党史研究室、上海市现代上海研究中心编著:《口述上海：纺织工业大调整》，上海：上海教育出版社2009年版，第25、53页。

第三章

大桥人的城市记忆

第一节　城市的里弄生活

一、城市与城市精神

城市是一群人真实的生活空间，有质感、有故事、有意义、有感情，是城市居民共同的安身立命之处[1]。列斐伏尔从空间的社会性出发，将“城市权”与空间理论相结合，探讨空间社会性及其与都市化、日常生活的关系。在列斐伏尔看来，“空间”不是一个单纯的物质研究对象，而是“社会秩序的空间化”存在。社会空间也包括社会生产的一系列关系，小至日常生活习俗，大到民族国家文化。城市作为一种空间存在，是由各种小空间构成的组合空间。各种小空间激发了都市的活力、繁华与喧嚣，每个小空间都是一个舞台，空间极大地影响了都市想象。都市的想象除却风云流转的表层宏观叙事，更有深层的日常叙事。在都市现代化的表层之下，有质有感的日常生活、基层价值取向的历史与现实更能蕴藏城市精神。城市空间中越是微不足道的小市民阶层，越是包罗万象，承担着最直接的社会负荷[2]。对上海日常生活的叙事，不能脱离构成上海市民文化的普通弄堂和曾经的棚户区。这些具体乡土空间携着不同的文化，构成上海的生活空间，虽有很大差异，却又在历史长河里相互关联、错杂，它们完美地结合了人、空间与时代的要素。

里弄是一个具有多样性、复杂性的居住空间。居民的职业、背景各

[1]　林盛丰：《城市的远见》，《联合文学》1994 年 3 月号。

[2]　徐春萍：《我眼中的历史是日常的——与王安忆谈〈长恨歌〉》，《文学报》2000 年 10 月 26 日。

不相同，文化层次参差不齐，带来了弄堂生活的多样性。各阶层居民在长期的共同生活中相互影响、取长补短，使整个弄堂文化趋于大众化，从而形成了一种特有的市民文化，这种市民文化由于居民文化的多样性与复杂性同处于一个空间并相互作用，既难以涣散、堕落，也难以形成高雅的文化。这一弄堂文化自然成为一种世俗的然而却又和谐的市民文化[1]。里弄作为日常性的空间,是城市生活的发生地。里弄特殊的空间形式、空间结构，在特定时期内形成了特殊的使用方式，这些使用方式经长期共同的积淀形成了特殊的范式。在文学、电影作品中，众多有关上海人与上海生活的描写都与里弄居住空间联系在一起。这种空间有助于形成关于上海人和上海生活的想象。

改革开放以来，上海一度步履维艰，多年累积的住房、交通、污染的痼疾，让上海人徒叹奈何。1990年以后，上海走到改革开放前沿，城市发展与改造提速，一年一个样，三年大变样。转眼间，老弄堂、老房子、老社区变成了新绿地、新楼房、新社区。新景观会刺激怀旧情，怀旧是对往昔的追思和眷念，是人类自身历史意识的表现。这种情感的滋生，往往与社会变动的节奏成正比，与环境变迁的速率成正比。怀旧也是一种选择。一个城市的怀旧，是一个城市的集体记忆，也是一种有选择的记忆。弄堂里的叫卖声、邻里间的互助情等，不仅是对自己家底的清理，是对心灵缺憾的抚慰，也是对未来的一种期盼，立足现在，背对过去，面向未来[2]。

按照解放初期的统计，占总人口数超过70%的上海人曾生活在弄堂。因此称弄堂为上海市民精神的载体并不为过，其人文精神自然也就在这里形成。"数量庞大的小市民居住在石库门建筑里，孜孜不倦地营造着上海的习俗、方言、气质和都市性格，由此上升为上海城市灵

---

[1] 罗小未、伍江:《上海弄堂》，上海：上海人民美术出版社1997年版，第143页。

[2] 许洪新编:《回梦上海老弄堂》，上海：上海科学技术文献出版社2004年版，第2—3页。

魂”[1]。城市精神不仅凝聚了日常生活的记忆，也塑造着社区文化，社区是城市精神的载体与体现。

在帕克看来，社区“在我们身外，在家庭和邻里之外，而生活在其中的个人，不仅仅是作为个人生存着，而且过的是社会人的生活”[2]。古希腊语中社区有“团契”的意思，19 世纪以来作为描述社会的一种术语，意指以一定地理区域为基础的社会群体。它至少包括以下特征：有一定的地理区域，有一定数量的人口，居民之间有共同的意识和利益，并有着较密切的社会交往。地域、共同的纽带以及社会交往这三者是构成社区必不可少的共同要素，因此人们至少可以从地理要素（区域）、经济要素（经济生活）、社会要素（社会交往）以及社会心理要素（共同纽带中的认同意识和相同价值观念）的结合上来把握“社区”这一概念，即把社区视为生活在同一地理区域内、具有共同意识和共同利益的社会群体[3]。

人们在血缘、地缘、日常生活与交往中，形成一定的社区规范和社区文化，容易在情感上寻求到安全感与归属感。社区归属感指的是社区居民把自己归入某一地域人群集合体的心理状态。这种心理既有对自己社区身份的确认，也带有个体的感情色彩，包括对社区的投入、喜爱和依恋[4]。在社会与时代急剧变动中，社区可作为文化空间意向来分析，它不仅具有外观、建筑等物质形态，还拥有自己的气氛、感觉等精神结构，并且会渗透进社区人文心理、精神塑造中。社区远远超越了地理意义，它包括基本关系的各种要素、唯情论、归属感、感情深度和对某人、某地或某种意识形态的信仰[5]。面对都市急剧变动的刺激时，社区能让居民克服漂浮感，找到情感的着陆点。相较于繁华闹市拔地而起带来

---

[1] 朱大可：《远离真相的“上海神话”》，《解放日报》2003 年 9 月 22 日。

[2] 帕克等：《城市社会学》，宋俊岭等译，北京：华夏出版社 1987 年版，第 101 页。

[3] 丘士杰：“社区”，《中国大百科全书·社会学》，《中国大百科全书智慧藏》知识库 intranet 版本。

[4] 丘海雄：“社区归属感”，《中国大百科全书·社会学》，《中国大百科全书智慧藏》知识库 intranet 版本。

[5] 康绍邦：《城市社会学》，苏玲等编译，杭州：浙江人民出版社 1986 年版，第 120 页。

的多样性，社区相对亲和的邻里关系，较为稳固、简单的生活形式，沉淀了更多的历史和文化，更能代表上海的集体记忆[1]。

二、魔都：老上海的历史记忆[2]

早在公元10世纪，上海就作为城镇存在，在此之前它是个名为“沪渎”的渔村，以渔人沉到泥土里固定渔网的一种竹编器皿“扈”命名。到了宋代，这个渔村发展成繁忙的集镇，并且在16世纪成为一座有城墙的城市，不仅具有重要的区域位置，而且是中国沿海舢板贸易的主要港口[3]。16世纪50年代,海盗活动迫使上海人在上海周围建造起城墙，这些环形城墙长约5.5公里，一直保留到1912年。上海地处长江入海口，连接内河和东海的黄浦江穿过城市，优越的地理位置给它的经济发展带来了有利的条件。上海早在唐代中期便靠港口进行贸易，开始了“以港兴市”的发展历程。到南宋末年,上海县的建制正式成立[4]。上海，宋代城镇，元代设县，明代筑城，至明清时期已经是江南地区相当繁华的城市[5]。

“魔都”这个词最早出现在20世纪20年代日本文人村松梢风的《魔都》一书中。该书在日本出版后，这一提法在日本开始流行。2000年左右，“魔都上海”的称法开始出现在国内学术界。旅日学者刘建

---

[1] 陈学明等主编:《入世后上海的战略地位》，北京：人民出版社2002年版，第185页。

[2] 具体参见：木村泰枝:《“近代化”过程中的日本人看到的上海“现代化空间”——从刘建辉著〈魔都上海——日本知识分子的“近代”体验〉谈起》，《中国比较文学》2007年第3期；甘慧杰:《一部研究近代上海与日本关系的力作——读〈魔都上海：日本知识人的“近代”体验〉》，《史林》2000年第4期。

[3] Dong. S. *Shanghai: The Rise and Fall of a Decadent City*, New York: Harpen Collins, 2000, pp.12—113.

[4] 唐振常:《上海史》，上海：上海人民出版社1989年版，第35—38页。

[5] 张笑川:《近代上海闸北居民社会生活》，上海：上海辞书出版社2009年版，第30页。

辉《魔都上海：日本知识人的“近代”体验》中专门介绍了村松梢风和《魔都》。1999年出版的《上海通史》也介绍《魔都》一书，将其视为研究上海的史料。2007年，王向远在《中国题材日本文学史》中称，“魔都”作为村松梢风的“造语”，成为日本语中“上海”的代名词。再后来，随着互联网和社交媒体的迅速发展，“魔都”一词在年轻人中开始兴起。而老上海的城市记忆为今天的城市认同提供了想象的思想资源。茅盾小说《子夜》原稿的副标题为：“1930年，一个中国的罗曼史。”小说的背景城市就是上海，1930年的上海已是世界第五大城市，号称“东方巴黎”。根据*Webster's Living Dictionary*的解释，动词“上海”意味着“被鸦片弄得麻木不仁，随后被卖给需要人手的海船”，或者是“用欺骗或暴力引发一场打斗”[1]。在20世纪30年代,上海已和世界最先进的都市同步。现代都市生活的绝大多数设施在19世纪中叶就开始传入租界：银行于1848年传入，西式街道1856年，煤气灯1865年，电1882年，电话1881年，自来水1884年，汽车1901年和1908年的电车[2]。

如今“魔都”成为上海的代名词：有着现代的摩天大楼，忙碌奔波的年轻人，到处都是24小时营业的便利店，随处可见干净整洁的绿地公园，从不缺失的咖啡馆。其实，上海最神奇的地方不在灯火通明的楼宇，而在那些老上海人和新上海人的日常叙事与日常可阅读的建筑中。

三、里弄：叙事中不可遗忘的空间

上海这个越来越光鲜的国际化大都市，原是由无数个像工人新村、

---

[1] 李欧梵：《上海摩登：一种新都市文化在中国（1930—1945）》，毛尖译，上海：上海三联书店2010年版，第4页。

[2] 唐振常：《近代上海繁华录》，香港：商务印书馆1993年版，第249页。

里弄等这样的日常生活空间编织而成的。只是在越来越抽象的城市叙事中，这些生活渐渐被遮蔽和遗忘。一直以来工人新村作为社会主义工业城市叙事的基本篇章，构建着人们的想象。我们已经差点忘记居住在“老破小”的居民是如何经历着从“工业锈带”到“生活秀带”的美好生活的更新，差点忘记在社会主义工业城市的叙事中还有里弄生活。

里弄的出现并非古已有之，最初是结合上海城市发展的客观环境与不断变化的社会需求逐渐建立起来的，是与上海城市发展同步的。“弄者，建筑物间所夹小路业。里者，居也”，里弄即是由相连小弄组成的住宅群。里弄，是海派特色建筑之一，也是老上海特有的景观之一，就像北京的四合院、姑苏的小巷子。随着上海城区的日新月异，老弄堂是越来越少了。

上海弄堂大约已有150年的历史。1853年上海小刀会起义，县城内的居民大批避入租界，外国商人趁机搭建一些联列式的木板屋，出租牟利，这便是最早的上海弄堂。到1860年前后，太平军攻占江浙、直逼上海，大量人口涌入上海租界。1860年，上海租界以“里”为名的木板式弄堂住宅建筑总数已达8 740幢。板屋易发生火灾，于是渐渐改为砖木结构，老石库门里弄开始出现，这是中国传统单体院落式住宅与欧洲联列式总体布局结合的建筑，因有石条门框和乌漆厚木大门，故名“石库门”。随着上海经济的发展和人口日增，为适应不同层次的需要，石库门住宅的发展发生了分化，20世纪前10年末，结构和设施较好的新式石库门住宅和比老石库门还低矮密集的广式里弄住宅开始出现。20世纪二三十年代，结构、布局、设施都优于老式石库门的新式里弄住宅兴起，这种住宅不仅有卫生设备，更有煤气、取暖设施，弄内排列整齐，间距宽敞，有轿车可通行无阻的回车道和绿化带。30年代起又出现花园里弄和公寓里弄住宅，前者是独立式单体花园住宅与联列式总体布局相结合的，后者的厨卫等生活设施是按一层一套或一层多套设计的，以满足多家合住的需要，而在这之前的里弄住宅都是按照一幢一户设计的。此外，没有统一规划而材质又低劣的棚户区和一些企事业单位兴建的旧工房等，虽在建筑概念上不属于里弄住宅的范畴，却在习惯上也往往被称作“弄”。

上海里弄属于上海旧城区住宅。上海旧城区范围主要是指 1949 年以前所形成的市区范围，占地约 82.4 平方公里。上海旧住宅主要指 20 世纪 80 年代以前的住宅，可分为两部分：1949 年以前的旧住宅以里弄住房为主；1949 年以后到 80 年代前的则为多层集合式建筑。里弄住宅随租界的拓展向东向西发展。里弄作为承载居民生活的城市空间，从某种意义上说，形成了复杂网络，令城市充满活力。

弄堂，容纳了上海大多数的居民。据统计，不含旧工房、棚户，1949 年全市有各式弄堂 9 214 条，各式里弄住宅 20 万幢，占全市住宅建筑总面积的 57.4%，至少容纳了全市 70% 以上的人口。

里弄在被建造的时候并无配套设施的考虑，只是在市场调节的作用下，随着居民的迁入，附近的小商店开始应运而生。在上海的人口构成主要是外来移民的时候，这样的安排同时解决了居住和就业的问题，并且成为上海里弄街区最重要的功能组成模式，最大限度地支撑着一个大型城市的日常运行。里弄小店的主要服务对象是附近的居民，有杂货铺，有卖水果蔬菜的，还有一些店铺提供理发、洗浴、裁缝等服务。街区商店的商品和所提供的服务都是和日常生活息息相关的。居民要采购日常必需品通常都不用过马路，甚至走几步就到了。卢汉超在《霓虹灯外：20 世纪初日常生活中的上海》中提到，这种集居住、就业、商业服务于一体的里弄街区配置模式的意义在于，“小的街区商店和地区中心使得上海成为一个步行的城市”[1]。

李彦伯在《上海里弄街区的价值》中提到，“里弄街区是首要的住宅类型、是城市基本功能单元、是市民社会、是城市文化、是活力源

[1] 卢汉超：《霓虹灯外：20 世纪初日常生活中的上海》，段炼等译，上海：上海古籍出版社 2004 年版，第 256 页。

泉、是面目、是名片，是传记。里弄街区就是上海这座城市本身”[1]。

1953年的《上海市总图规划示意图》要求，在“一五”“二五”计划期间，上海城市建设的重点是边缘新区和卫星城镇，旧区改造只是结合城市安全、市容整治和道路工程、住宅建设等重点进行。因此当时上海旧区改造的主要做法是“利用空地建房”，但是这种见缝插针式的城市建设并未对里弄街道产生实质性的影响。1958—1965年，上海住宅存量增加了442.3万平方米，其中约60%来自新建住宅。这些增量大多来自旧住宅的搭建，也就是说虽然政府在不断解决城市居住问题，然而里弄街区的恶劣居住状况却未得到实质性的改善。

1963年后，国民经济逐步好转，上海经济建设开始回升，住宅投资逐渐增加。除了住宅区的建设，市区的旧房改造工作也开展了。旧房改造主要集中于棚户、简屋和危房的改造。在80年代的上海，政府旧区改造政策对棚户、简屋的投入大大超过对里弄的投入。伴随着棚户区的不断被清理，里弄街区开始变为上海底层居住形态。改革开放之后，随着棚户区的改造以及工人新村的大批兴建，里弄正式成了“城市底层生活区”。1980年3月，上海市委、市政府召开了住宅建设工作会议，指出“住宅建设与城市建设相结合，新区住宅建设与旧区住宅改建相结合，新建住宅与改造、修缮旧房相结合”的方针[2]。

各类弄堂，由弄而楼，由楼而人，由人而事。曾经，楼中各色人等居住，平头百姓、富商巨贾、民国新贵、下野政客、隐市寓公、革命党人、江洋大盗、流氓骗子、贩夫走卒、且介亭文人、亭子间嫂嫂……弄堂也是一个社区，是上海社会的一个缩影。弄堂是一个档案库，记录了中国历史的大动荡，也记录着种种琐琐碎碎、磕磕碰碰的小事。然而这些记录早已蒙上了厚厚的历史尘埃，需要细心地擦拭、深入地发掘。弄

[1] 李彦伯:《上海里弄街区的价值》，上海：同济大学出版社2014年版。
[2] 《上海住宅》编辑部:《上海住宅（1949～1990）》，上海：上海科学普及出版社1993年版，第7页。

堂文化是一种地缘文化，维系着上海的芸芸众生。弄堂文化又是一种历史文化，反映了上海城市发展的一个阶段。回眸流逝的那段历史，怀念曾经的邻里温馨，记下某些历史片段，发掘弄堂的历史文化底蕴，以存时代之史。

长久以来，关于弄堂的文字记录主要有五种样态：文学性的杂记与小说；普通市民的追忆；传媒关于弄堂新闻的报道和诠释；从城市建筑史角度展开的对弄堂的研究；从历史学、社会学、人类学等视角切入的对弄堂的学术研究。在这五种样态中，做得最好的是里弄建筑史研究。

1933 年，《中国建筑》第 9 期上《东北大学建筑系李兴唐绘里弄建筑设计》《里弄建筑》《里弄建筑图案十五帧》等三篇论文发出了里弄建筑价值研究的先声。同年，陈炎林编著的《上海地产大全》从上海土地利用制度、建筑控制策略入手，进行了基于租界建筑管理的深入剖析。也是这一年，《申报・建筑专刊》集中发表了多篇讨论里弄居住环境与质量的文章[1]。

20 世纪 60 年代初，经北京的梁思成先生和另一位汪季琦先生的合力推动，有专人开展了对津沪两地里弄建筑的一项大型调查。王绍周、殷传福、黄详琨对上海和天津两地的里弄进行了基础性考察，分别于 1962 年和 1964 年写出了《上海里弄式住宅调研报告》《天津里弄住宅调查研究报告》[2]。在此之前，梁思成先生提出，上海老弄堂属于最优越于其他城市的地方性建筑。这位建筑史专家一眼洞穿了上海老弄堂的价值，给出了近代城市建筑史上对上海里弄的学术定评。

上海弄堂的建筑价值已经得到了比较充分的体现，而建筑价值的另外一半——弄堂的人文价值呢？作为摩登上海的另一面——弄堂蕴藏着

[1] 朱晓明、祝东海：《勃艮第之城：上海老弄堂生活空间的历史图景》，北京：中国建筑工业出版社 2012 年版，第 1 页。

[2] 朱晓明、祝东海：《勃艮第之城：上海老弄堂生活空间的历史图景》，北京：中国建筑出版社 2012 年版，第 2 页。

浓郁的市民气息，代表着上海最底层、最深厚的文化传统。从 1919 年到新中国成立前的 30 年，当上海文学被“现代”主流话语包围时，一种以书写里弄为风格的文学正悄然形成，以上海人最熟悉的日常生活为背景，生动呈现着 20 世纪三四十年代上海人的日常。

近代文学史上，茅盾、鲁迅、叶圣陶、郭沫若、丁玲、巴金等都曾在里弄的亭子间住过，从事创作和革命等活动，他们也创作了不少反映里弄的作品。“亭子间作家”指的就是他们。到了 80 年代，作家关注上海乡土空间的创造这一主题，对上海这个多面体有着清醒的认识，他们的“上海书写”，没有沉溺于酒吧、酒店、咖啡馆等小资情调十足的虚浮空间，没有迷失于时尚炫目的白日梦里，没有陶醉于苍白无力的谈情说爱里。他们的目光穿越城市表层空间，进入弄堂、新工房等居民的日常生活里，于其中细品上海的历史与现实风貌。黄宗仪认为上海作为一座全球性大都市，扮演的角色“更多是纪念性空间和发达经济展台的角色,而非小说家王安忆称之为家的生活空间”[1]。王安忆的小说详细记录了上海这座城市正在飞速消逝的弄堂生活。在王安忆的作品中，弄堂得到大量的刻画。她详细描述了里弄的人和空间，并称其是“这城市背景一样的东西”[2]。在黄宗仪看来,“上海的魔力来自里弄,从而与日常息息相关”[3]。就像王安忆所说的“弄堂的情感力量在于日常生活的种种风景和声音……它不是英雄般的史诗，而是普通生活的累积。在一排排的房子中流连并不是什么大事，但就像是沙粒一样微小，在堆积起来之后也能聚沙成塔”。这就是上海弄堂的意义所在。

文学作品在叙事策略上呈现两个维度：其一，从历史维度想象上海弄堂与传统上海城市精神。这种表达以城市的弄堂经验为基础，以老上

---

[1] Huang，T. M. *Walking Between Slums and Skyscrapers: Illusions of Open Space in Hong Kong, Tokyo, and Shanghai*, Hong Kong: Hong Kong University, 2004，p101.

[2] 布拉肯:《上海里弄房》，孙娴等译，上海：上海社会科学院出版社 2015 年版，第 146 页。

[3] Huang，T. M. *Walking Between Slums and Skyscrapers: Illusions of Open Space in Hong Kong, Tokyo, and Shanghai*, Hong Kong: Hong Kong University, 2004，p122.

海怀旧日常为基调，从而形成宏大叙事下上海都市的传奇景观。其二，表现现实的上海弄堂空间和传统文化景观。这种叙事以个体的弄堂经验和记忆为基础，并以日常的形式表现出来，从而形成真实的上海精神。王安忆、金宇澄、程小莹等作家描述的个体经验中的上海弄堂的市民生活图景，构成了上海传统文化与城市精神。地域书写涉及地理空间，不仅有作家本人的空间经验，也有特定时代风格以及空间所包含的文化特征。作家用文字叙述着想象的共同体。上海作家的弄堂书写就是以上海为叙事背景，回溯本地文化传统，而弄堂本身就是近代上海地方文化的重要组成部分，也是上海地方传统文化的标志。他们以寻找历史记忆的方式，重建上海的文化精神与城市形象。

当上海准备成为全球化大都市时，必须进行一些改变，尤其是城市改造。1983 年，市政府将四平路等三处作为旧区重点改建地区。对于里弄，1982 年 1 月 28 日，市房地局印发《关于通过房屋维修改善居住条件的试行办法》，指出在不影响房屋结构，不影响市容观瞻，不影响左邻右舍的情况下，对居住困难户因地制宜开展“搭搭放放”。随着棚户区的改造，里弄继续着自然衰败的过程。

1998 年，随着房改的推行，福利房开始向商品房转变。里弄居民的分化也从此时开始。有能力购买商品房的居民纷纷搬出里弄，外来流动人口则通过租用的形式逐渐占据本地人腾出的里弄。过滤模型认为，城市居住结构的关键在于高社会地位家庭的行为。随着高社会地位家庭的外迁，空置下来的住房被中等地位家庭占有，而中等地位家庭拥有的住房则接着由社会地位低的家庭占有。在这一迁移链的末端，最低社会地位群体遗留下来的空房或者被废弃，或者由社会地位低的新移民居住[1]。在漫长的演变中，人的生活总是第一位的。对于那些继续居住在大桥街道里弄，或者搬离里弄的人们，我们将从个人生活口述史出发，开始一

[1]　诺克斯、平奇：《城市社会地理学导论》，柴彦威等译，北京：商务印书馆 2005 年版。

段回忆之旅。

第二节　大桥人的叙事

一、个体讲述故事

无论是新文化史的研究方法，还是口述访谈的研究方法，都注重叙事，也就是讲故事，即“从过去现代化理论流行时代的社会科学和科学的方法，转向讲究叙事和细节的人文方法”[1]。

所谓讲故事，是依据时空顺序或依据事件线索，或依据逻辑线索等，对事情过程的描述，强调情节、细节和脉络，从而阐发道理。那些合乎日常生活逻辑的、寓意深刻的故事，往往蕴涵着发人深省的道理，成为一种独特的思维和沟通方式[2]。

每一个研究者在着眼于某个具体的现象时都会讲故事，也都会利用理论工具来分析和解释故事中反映的现象，也就是讲道理。故事的讲述过程也是讲述者建构事实的过程。也就是说，讲什么、如何讲，取决于研究者如何理解个案。不同的研究者对于同样的研究资料有着不同的理解和讲述方法，有让个案“讲述或呈现它自己的故事”；也有寻找个案参与者或叙述者话语中的功能意义；还有参与性的研究者讲述自己的故事、经历，或者故事与说理夹叙夹议，或者正文讲故事、注释做论述；等等。

不同的学科也有不同的讲述方法。比如经济学用“假如或假设”来界定条件，或将几个故事中的有效要素组合成一个“理想型”故事。再比如社会学更多地从经验、事实出发，在发挥社会学想象力的基础上，

---

[1]　王笛：《走向中国城市内部》，北京：清华大学出版社 2013 年版，第 59—60 页。
[2]　折晓叶：《“田野”经验中的日常生活逻辑：经验、理论与方法》，《社会》2018 年第 1 期。

尽可能搜集正反两方面的例子，以便对实践中的社会现象做出正确的认识；或讲述一个完整的、背后隐含问题和理论价值的故事，给读者一个想象世界的空间。

本书的研究对象是社区，在讲故事时会对社区日常生活中相互关联的各个方面进行深入的考察、细致的描述，或以事件、个人经历等为依据，按照时空转换的自然秩序进行白描和深描。讲故事的过程中经常会形成一个“精英版本”和一个“失语版本”，对后一个版本而言并非是人们无故事可讲，而是在长期的精英话语的影响和比较下，让人觉得自己的经历过于琐碎，不值一提。当然也有很多人感觉无从讲起，如何让他们开口，成了一个方法上的难题。

20 世纪 90 年代开始，有关“底层”的叙述开始成为一个引人关注的话题。“底层表述”作为一个问题被提了出来。可是作为始终被“言说”的他者，作为没有表达能力和权力的他者，他要如何自主清晰地表达自己的思想？带着价值关怀和实际困惑，一些学者开始了他们自己的叙述，以底层社会一员的身份，或以底层生活曾经的亲历者的身份来叙述记忆。在这样的叙述文本中，虽然可以看到叙述者对底层的天然情感，但也可以看到叙述者与居民之间实际存在的或多或少的距离。

曾经提出“Can the subaltern speak?”的斯皮瓦克在 2008 年的一次演讲中，回顾了她的庶民理论的轨迹，明确地说庶民指的不是特定的人，而是指“subalternity”，可翻译为庶民性、庶民处境、庶民环境，即断绝了边缘群体有社会上升流动可能性的社会关系与权力结构。问题不在于庶民能不能发声，而在于庶民不被听到、不被认可，因为由精英主导的主流社会根本不会注意他们、聆听他们，或者不会视他们为社会整体的一部分。由此她开始着眼于庶民群体的主体性构造，期望他们在非强迫性的条件下能打开视野。同时针对庶民在全球主导文化下的孤立状况，她通过润物细无声的教育工作，打开庶民的想象，使其突破孤立经验的樊笼，思考庶民作为国家的一部分，面对主流精英的边缘化压制时，能从现实中抽离，思考国民与国家的关系，思考参与公共领域的民主实践[1]。

斯皮瓦克所致力的主体性构造以参与公共领域的民主实践，也是陈映芳在《棚户区：记忆中的生活史》中探讨的第四种文本，即共同建构“他们的叙述”。很多学者致力于以口述史的形式将民间的记忆传递到公共话语空间和知识领域，因为“口述史正是用人民自己的语言把历史交还给了人民。它在展现过去的同时，也帮助人民自己动手去建构自己的未来”[2]。正如本书要讲述的大桥街道居民的故事,是一个共同建构的叙述。在尽可能保留叙述者话语空间和叙述内容的基础上，整个访谈过程有着我们的视角和居委会的印记。在 2018 年开始的访谈中，访谈对象是由居委会介绍给课题组的。2018 年，很多居委会工作人员本身也是里弄的居民，在数十年的相处之中，居民之间形成了默契和信任，因此，居委会为我们访谈工作的开展提供了极大的便利。当然这中间也不可避免地有居委会选择访谈对象时的倾向性。叙述者或是强调自己的知青生涯，或是强调自己的社区参与，或是忆苦思甜，人们的记忆和记忆叙述，是主观过滤的结果，也是个人与时代、与社会对话的产物。在这里，“他们的叙述”作为这个群体的生活史记忆和对生活现状的描述，相较于他们对生活事实的复原程度，其客观性、真实性更存在于他们所处的社会—时代的关系之中[3]。

本书试图建构的“他们的叙述”中，有居民几十年如一日参与大桥街道建设的故事，有旧改阳光政策普照下居民通过社区居委议事会制度参与里弄民主治理的故事，有通过改变环境一点一点改变身边的生态的故事，也有退休工人或下岗工人通过自身参与让大桥街道更有着烟火气的故事。我们希望通过“他们的叙述”，扭转大家对于上海里弄“小市

---

[1] 《刘健芝谈斯皮瓦克，什么是庶民研究》，澎湃新闻 2017 年 7 月 13 日。

[2] 汤普逊：《过去的声音：口述史》，张旅平等译，沈阳：辽宁教育出版社 2000 年版，第 327 页。

[3] 陈映芳主编：《棚户区：记忆中的生活史》，上海：上海古籍出版社 2006 年版，第 9 页。

民”形象的看法。上海不止有大楼大桥，还有大桥底下、高楼之下普通百姓的日常市井生活。大桥人的城市记忆首先从杨树浦路开始。

二、杨树浦路：上海工业的缩影

杨树浦路，上海最早的马路之一，全长 5 586 米，“工业杨浦”的典型缩影。杨树浦原名叫“杨木浦”，在 19 世纪后期属于上海县高昌乡二十三保管辖的一部分，是离县城较远的偏僻农村。杨树浦是纵贯区境中部的一条主要河流。1869 年，租界工部局从外滩沿黄浦江修一条马路至杨树浦，以浦为路名。

19 世纪 90 年代初期，沿黄浦江北岸杨树浦路一带还是塘浜纵横的滩地，但 1895 年下半年后杨树浦沿江的大块滩地已经成为中外纱厂集中地。英商怡和纱厂、美商鸿源纱厂、德商瑞记纱厂、英商老公茂纱厂等外资纱厂相继成立。华资商办纱厂则有 5 家：如裕源纱厂、裕晋纱厂等[1]。杨树浦成为上海第一个工业区一点都不奇怪，这里大量的廉价未开发土地和毗邻水运渠道使其成为理想的厂区[2]。高梅韦尔于 1916 年参观访问上海时曾记录到：“杨树浦路，原取自杨树岸路之意，是百老汇路的延伸。由于它主要是一条工厂街道，社会地位很低，杨树浦路与河平行，原应成为上海最漂亮的住宅区，却被工厂最先占据并一直占用下来……和风美景就此浪费在了从早到晚被关在砖墙后面、疲惫不堪的工人身上”[3]。

---

[1] 罗苏文：《高郎桥纪事：近代上海一个棉纺织工业区的兴起与终结（1700—2000）》，上海：上海人民出版社 2011 年版，第 23 页。

[2] 洪尼格：《姐妹们与陌生人：上海棉纱厂女工，1919—1949》，韩慈译，南京：江苏人民出版社 2011 年版，第 14 页。

[3] 洪尼格：《姐妹们与陌生人：上海棉纱厂女工，1919—1949》，韩慈译，南京：江苏人民出版社 2011 年版，第 14 页。

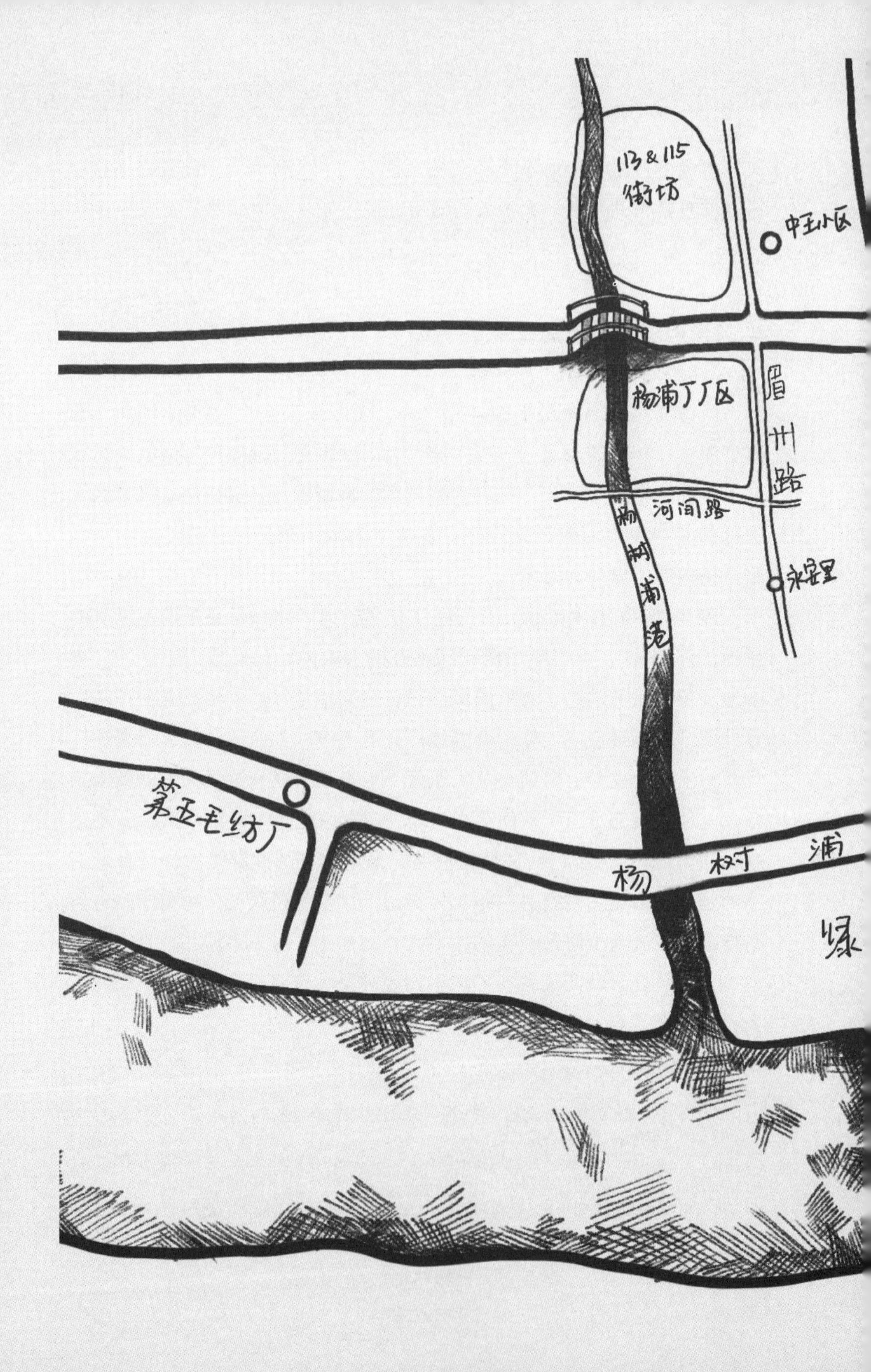

113 & 115
街坊
中王小区
杨浦丁厂区
眉州路
河间路
杨树浦港
永安里
第五毛纺厂
杨树浦
绿

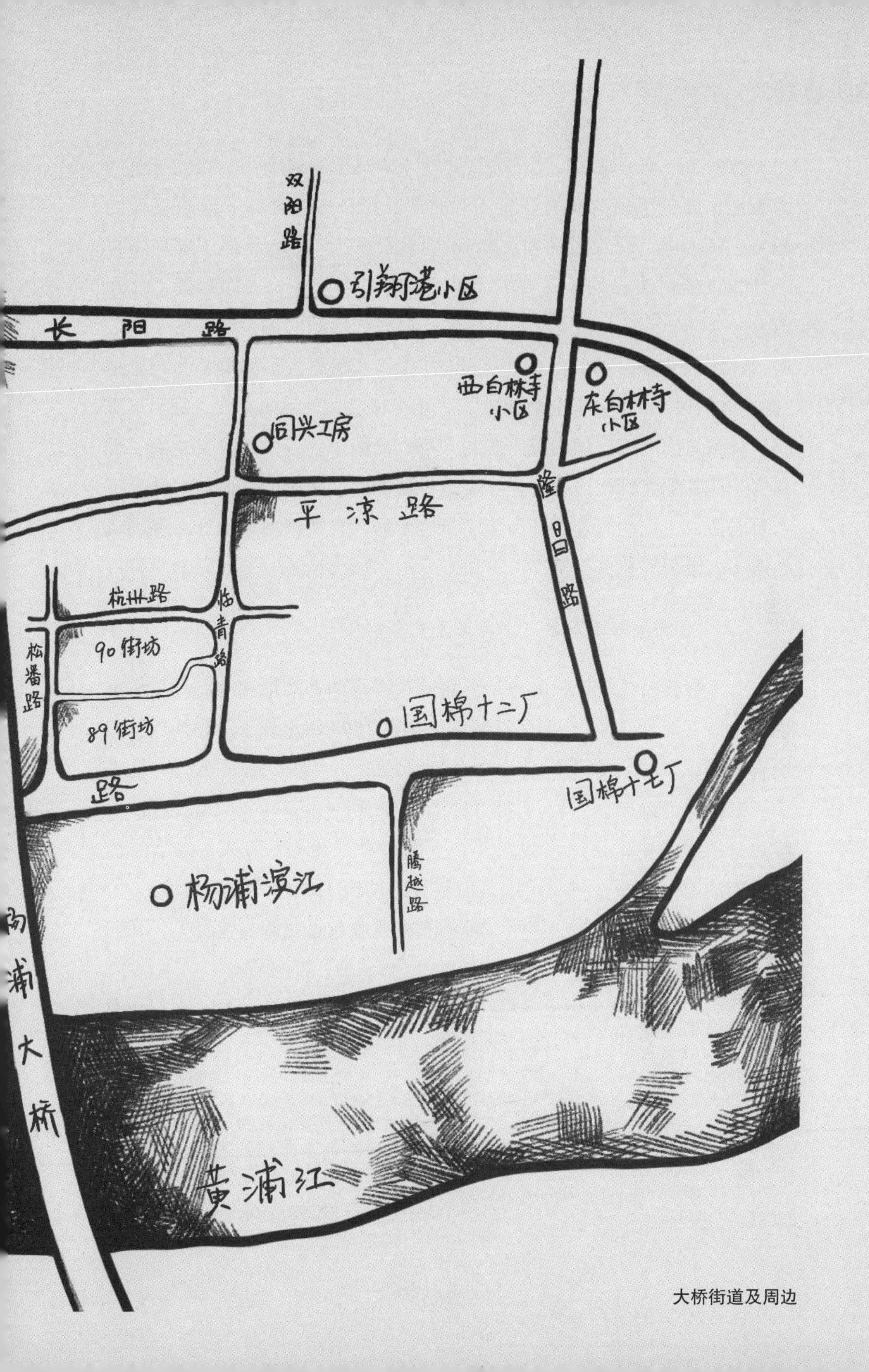
双阳路
引翔港小区
长阳路
西白林寺小区
东白林寺小区
同兴工房
平凉路
隆昌路
杭州路
临青路
松潘路
90街坊
89街坊
国棉十二厂
国棉十七厂
路
腾越路
杨浦滨江
浦大桥
黄浦江

大桥街道及周边

杨树浦路是沪东工厂区的发源地。工业区当中还有另一个特征鲜明的天地，即位于杨树浦的黄浦江畔的贫民窟。19 世纪末，随着工业的起步，江、浙、皖农村的农民来到杨树浦谋生。1896 年的工部局年报统计，仅杨树浦路的 8 家工厂，雇工就有 1 万多人，连同附近工厂在内，工人达 2.5 万人。当时杨树浦靠近黄浦江边的一侧是经济繁荣的厂房，马路以北则是居住条件恶劣的棚户区。“棚户人”原本字面意思是“棚户区居民”[1]，后来渐渐变成了“上海底层人”的同义词。每当下班时，马路对面的工厂涌出黑压压的人群，冷清了一天的里弄又充满了烟火气。从临青路到松潘路曾经一度是杨树浦路最热闹的一段路。除了工人要居住，工厂的管理层和高级职员也要居住，所以附近也有一些别致的西式高级公寓[2]。

（一）杨树浦路 670 号：上海第五毛纺织厂

上海第五毛纺织厂，前身是英商怡和洋行创办的怡和纱厂。夏衍小说《包身工》[3]中的“包身工”制度最早在 1897 年出现于怡和纱厂。因语言不通，风俗习惯不同，无法直接管理工人，纱厂通过招用“包工头”来管理“包身工”[4]。日商开办的上海纱厂一、二、三厂及大康纱厂是包身工最集中的工厂。1937 年，上海包身工达七八万人，占当时纺织女工的三分之一。包身工制是以签订定期包工契约的方式招收工人，一些包工头到江苏泰州、扬州一带的农村招收农家姑娘当包身工，她们

[1] 洪尼格：《姐妹们与陌生人：上海棉纱厂女工，1919—1949》，韩慈译，南京：江苏人民出版社 2011 年版，第 18 页。

[2] 许云倩：《雕栏玉砌应犹在：杨浦卷》，上海：百家出版社 2010 年版。

[3] 20 世纪 30 年代初期，左翼作家联盟的创始人之一夏衍住在上海。他的一些知识分子朋友正在招收商会成员，当他们与工人见面时，他们就顺路到夏衍家更衣，把中式长袍或西服换成蓝色的工人制服。夏衍从这些朋友那里了解到城市棉纱厂里许多年轻包身工的生活状况，并被这种包身工制度所震惊，于是开始着手调查包身工的命运。夏衍两次在没被门口警察察觉前，成功地从门警眼皮底下溜进了工厂，完成了他的调查。1936 年，他根据收集到的信息，写下了当时关于包身工制度最详尽的报道。

[4] 新闻晚报编：《上海：纸上纪录片》，上海：上海书店出版社 2013 年版，第 124 页。

大都是 12 ～ 16 岁的贫苦农家少女，包工头付给包身工家庭很低的包工费，一般是 8 ～ 10 元钱，即可与包身工家长订立包身工契约，包身期一般为三年，实际需要 4 ～ 5 年才能满期，履行契约期间包身工的工资全部归包工头，而包工头只供给包身工极低的生活费，包身契约实际上成了变相的卖身契[1]。

纱厂女工分三类：直接雇用制、包工制和包身工，其中以包身工的命运最悲惨。夏衍于 1935 年曾经深入杨树浦路东洋纱厂（国棉九厂的前身）实地考察。每天凌晨三四点钟起床，从静安寺附近的泰兴路，步行数十公里，匆匆地赶到纱厂，在纱厂大批的苦力中，体验包身工的生活，历时数月。他用作家特有的敏锐眼光，强烈的感情色彩，真实生动地描绘了包身工的生活场景，反映了旧中国杨树浦一带包身工的苦难悲惨。他写道：旧历四月中旬，清晨四点一刻，天还没亮，睡在拥挤的工房里的人们已被人吆喝着起身了。一个身着拷绸衫裤的男子大声呼喊：“拆铺啦！起来！猪猡！”七尺阔、十二尺深的工房地上，横七竖八地躺满了十六七个被骂作“猪猡”的人。随着这种有威势的喊声，充满了汗臭、粪臭和湿气的空气里，很快地就像被搅动的蜂窝一般骚动起来。打呵欠，叹气，叫喊，找衣服，穿错了别人的鞋子，胡乱地踏在别人身上，在离开别人头部不到一尺的马桶上很响地小便。女性特有的那种娇柔害羞的感觉，在这些被叫作“猪猡”的人们中间，似乎已经很迟钝了。她们会半裸体地起来开门，拎着裤子争夺马桶，将身体稍稍背转一下就公然在男人面前换衣服。那男子虎虎地向起身慢一点的人的身上踢了几脚，回转身来站在不满二尺阔的楼梯上，向楼上的另一群人呼喊：“揍你的！再不起来？懒虫！等太阳上山吗？”蓬头，赤脚，一边扣着纽扣，几个还没睡醒的“懒虫”从楼上冲下来了。自来水龙头边挤满了人，用手捧些水来浇在脸上。“芦柴棒”着急地要将大锅子里的稀饭烧

[1]　杨浦区文管会编：《杨浦百年史话》，上海：上海科学技术文献出版社 2006 年版。

滚，但是倒冒出来的青烟引起了她一阵猛烈的咳嗽。她十五六岁，手脚瘦得像芦柴棒一样，于是大家就拿“芦柴棒”当了她的名字。

“若说苦，杨树浦”。杨树浦地区纱厂集中，纺织女工一天要工作十几个小时，从早晨6点做到晚上6点，或从晚上6点做到早晨6点，故而有“日工做到两头黑，夜工做到两头亮”的说法。有的纱厂还要开“礼拜工”，即星期六做夜班的要多做几小时，星期天做日班的须提前几小时上工。

除上班时间长，女工还要忍受工作环境差、劳动强度大的折磨。细纱间的女工每天12个小时来回奔跑在棉尘飞扬的车间里，平均每人负责35只木管，每只木管有8个纱锭，共计280根纱头，一刻也不能停；织布间的女工每人要管20～30台织布机，必须不停地来回跑动着接纱头，稍慢则被工头非打即骂。然而，这样的劳苦工作得到的是低得可怜的工资。1920年，厚生纱厂女工每日工作12小时，月工资仅8元，还买不到1石米（一石等于75公斤），挣扎在贫困线上，住在竹棚和草房里的女工不计其数。

据史料记载，在杨树浦的华商纱厂里，经常有包身工病死，而日商纱厂的待遇更恶劣。但就在包身工的斑斑血泪中，日本纱厂的发展速度很快，单拿福临路的日本厂子来讲，1902年日本大财阀三井财团收买兴泰纱厂而创立第一厂的时候，纱锭还不到2万个，可是30年以后竟发展到6家纱厂、5家织布厂、25万个纱锭、3 000张织布机、8 000多名工人和1 200万元的资本。

包身工制度的消亡，常常被看作是解放上海棉纱厂女工的典型经历。

（二）杨树浦路2866号：国营上海第十七棉纺织厂

杨树浦路2866号定海桥边原是国棉十七厂，如今已经成为时尚地标。国棉十七厂的前身是裕丰纱厂，日本人办的，解放之后就叫国棉十七厂，全称是国营上海第十七棉纺织厂。国棉十七厂被杨树浦路一分为二,一边是南厂，一边是北厂。20 世纪 90 年代，国棉十七厂开始压锭减产，纺织工人一批一批地回家，工厂开始一部分一部分地关闭。现在国棉十七厂已经搬迁到江苏大丰。

在《回忆杨之华》[1] 一书中，王以明回忆起 1949 年上海解放初期杨之华到国棉十七厂蹲点的情景。那时王以明在国棉十七厂当童工。杨之华带领工作组进到国棉十七厂，帮助建立基层工会。当时国棉十七厂的党的地下组织的情况比较复杂，有工人支部，也有不少单线联系的党的地下工作者。还有一个没有上级组织关系的单独成立的工人支部，大家都叫它“假支部”。支部整顿时，杨之华先进行调查搞清情况，了解到“假支部”成员虽然没有组织关系，但是他们不仅没有做过坏事，相反却做了一些有益于革命、有利于工人的事，并且其中的一些人一贯表现不错，在工人中享有一定威信。于是杨之华提出了在解散“假支部”的同时，吸收他们重新入党。她的意见，得到了大家的一致赞同。在杨之华的帮助下，国棉十七厂的党的地下组织的整顿工作进展得比较顺利。

曾经的纺织女工黄宝妹，如今仍然居住在大桥街道。她不满 13 岁就进入当时的日资裕丰纱厂当童工。那时候她每天清晨四点钟就得起床，摸黑乘渡船过黄浦江，到杨树浦的工厂上工。她被分配在细纱车间，一天 12 个小时，都要站在纺纱机前照看纱线，白班从早晨 6 点到晚上 6 点，夜班从晚上 6 点到次日早晨 6 点。下班时被搜身才能放行 [2]。新中国成立后，黄宝妹成为国棉十七厂的一名工人。1953 年，她以一人可照看 800 个纱锭的出色业绩，成为中国纺织工业部首届 18 位全国劳模之一。1956 年与 1959 年，她又两次被评选为全国劳动模范，并多次受到国家领导人的接见。

从 1950 年到 1957 年，这 8 年间建成的棉纺织厂的总产量达 250 万

---

[1]　上海市妇联妇运史料组编:《回忆杨之华》，合肥：安徽人民出版社 1983 年版，第 119—123 页。
[2]　黄宝妹口述访谈。

锭。纺织工业的大发展、大增产与操作竞赛和劳动模范的先进操作法推广有着密切的关系。1955 年 11 月，上海国营棉纺织厂的棉纱标准品率平均只有 56%，仅完成国家计划的 57.46%，影响棉纱质量的主要原因是棉结杂质多、经纱均匀度差。针对这一状况，12 月在市纺织工会组织下，由包括黄宝妹在内的市劳动模范 14 人，向全市提出减少棉结杂质、提高经纱均匀度的七点倡议[1]。黄宝妹首创了“逐锭检修”法，就是对照看的 800 个锭子进行有序检查，这样就可以及时调换歪锭子，改善机械状态；为减少牵伸部分的飞花，保证棉纱质量，黄宝妹还与别人一同试制了一种“红芯子”（集合器），使皮辊花大大减少。1958 年谢晋导演以她的事迹拍摄了同名电影《黄宝妹》。这部电影作为一段珍贵的史料，可以帮助我们更好地去了解那个年代人们的生活方式和那个年代的劳模精神。

（三）杨树浦路腾跃路：国营上海第十二棉纺织厂

国棉十二厂前身为日本纺绩株式会社所属的大康纱厂，于 1920 年筹建，1921 年日商大康纱厂老板开汽车在沪东沿腾跃路一带转了一大圈，立了界碑作为大康纱厂需要的土地，后来工部局就根据这些界碑划定大康厂的占地面积[2]。工厂于 1921 年建成，位于杨树浦路腾跃路上，东有发电厂，西有煤气厂，纺织厂夹在中间。上海解放后，纺织厂由市军管会接管，1950 年 7 月 1 日更名为国营上海第十二棉纺织厂。至 1998 年关厂，历经 78 年。

1973 年，一个叫程小莹的青年进入纺织厂技校学习，他的青春是在纺织厂度过的。技校毕业后他留厂工作，当了一名空调工。在他的一段

[1] 《为在棉纺厂开展“介绍棉结杂质，提高棉纱均匀度”运动的倡议书》，《解放日报》1955 年 12 月 19 日。

[2] 罗苏文：《高郎桥纪事：近代上海一个棉纺织工业区的兴起与终结（1700—2000）》，上海：上海人民出版社 2011 年版，第 455 页。

访谈中他回忆说："这是一份比较清闲、技术含量也不算高的工作，每天的工作就是在车间巡视，抄表，记录，确保车间温度湿度的正常。车间里的温湿度对纺纱织布是一种保障，但对纺织女工而言并不舒适，会生癣、得关节炎，生理上、情绪上都会有明显反应。"1984 年，他书写的反映新时代新纺织女工生活的小说《姑娘们，走在杨树浦路上》发表后，被《新华文摘》全文转载，引起了上海作协领导的重视，国棉十二厂的青年职工程小莹，从此成了青年作家。离开纺织厂 30 年之后，他完成了长篇小说《女红》[1]，以 20 世纪 90 年代上海纺织业的转型为背景，呈现纺织工人随着时代变迁而不断改变的生活状态与内心波澜。《女红》故事设置的场景是在上海杨树浦一家纺织厂，这个地址唤起很多上海人，尤其是杨树浦人的历史记忆。小说通过再现纺织工人所经历的日常，把人们早已耳熟能详的那段城市历史呈现出来。小说中秦海花姐妹作为在新中国社会地位崇高的"工二代"（父母是第一代工人），顺理成章地进入工厂。当工厂作为一种城市景观正在被抹去时，与工厂共命运的那一代人也逐渐消失在人们的记忆中。他对于 12 年工厂岁月的体验与感悟在《女红》里形成了丰沛的情感，完成了对于特定时代和一代纺织工人的生命状态的追忆，也为上海保存了一份有血有肉的工人的生活与情趣、思想与情感的档案。

程小莹说自己写《女红》就是想"通过感性的文字来重现一个工厂和工人阶级的城市，来重新审视我们的城市生活"，因为"令他惆怅的是，这个工人群体突然消失后，也被迅速地忘却了，连同那个时代工人群体的精神，比如勤劳、集体主义、组织性和纪律性"[2]。就像程小莹所惆怅的那样，当工人群体随着社会转型突然消失后，有关他们的记忆正在被快速地忘却。被忘却的还有那些曾经和这些工厂遥相呼应、相互依存的里弄，以及里弄中的生活。

---

[1]　程小莹：《女红》，上海：上海文艺出版社 2014 年版。
[2]　《程小莹：用不着过于关注奖项》，《青年报》2014 年 10 月 4 日。

三、杨树浦北面的里弄与工房

杨树浦路南面是星罗棋布的民族工业，北面则是蜿蜒的新旧里弄。沪东的城市化进程与工厂区的推进紧密结合，华忻坊、顺成里、周家牌路等这些百年里弄、马路，成为沪东早期里弄居民点。围绕这些居民点陆续形成了城市住宅区的商业设施[1]。

曾经的百年旧里如今早已动迁。里弄旧改的推进在“城市更新”的理念下如火如荼地开展。2001年5月，国务院正式批复并原则同意《上海市城市总体规划（1999年—2020年）》，明确提出要把上海建设成为现代化国际大都市和国际经济、贸易、航运中心。上海开始了大规模城市建设，其中危棚、简屋的改造成为三大重点建设项目之一，而弄堂建筑由于年代久远，基础设施不完善，居住环境差，成为旧改的重点对象。

“城市更新”是20世纪五六十年代在欧美兴起的一门新兴的社会工程科学。1958年8月，在荷兰召开的一次研讨会上这一概念被提出。从最早消除贫民窟发展到有福利色彩的社区更新，到市场导向的旧城再开发，再进一步发展到社区综合复兴，“城市更新”的内涵在不断演变深化。进入全球化时代后，“城市更新”又成为打造全球城市、资本寻找出路、完成产业升级的手段[2]。世界范围内，改善民生是“城市更新”的初心所在。历史风貌保护、城市社区营造，更是“城市更新”诸多要素中极为重要的内容[3]。

城市更新研究如何从整个城市角度出发，对不适应现代化城市要求

---

[1] 杨浦区商业志办公室编：《杨浦区商业志》，1995年版铅印本，第7—8页。

[2] 董玛力等：《西方城市更新发展历程和政策演变》，《人文地理》2009年第5期。

[3] 徐锦江：《全球背景下的“人民城市”发展理念与上海实践》，《上海文化》2021年第12期。

的城市区域进行有计划的改造，使其具有现代化城市的本质，满足居民对美好生活的向往。城市更新对于加快转变城市发展方式、推动城市空间结构优化和品质提升，让人民生活更美好具有重大现实意义。2020年8月10—25日，《上海市城市更新条例（草案）》面向社会公开征求意见。这是国内首次将“城市更新”上升到地方人大立法层面，是上海为更好践行“人民城市”重要理念，推动城市更新，提升城市能级，创造高品质生活，传承历史文脉，提高城市竞争力，提升城市软实力，建设具有世界影响力的社会主义现代化国际大都市迈出的又一大步。

2021年9月1日，《上海市城市更新条例》正式实施，首次从立法层面明确了：城市更新，坚持“留改拆”并举，以保留保护为主。其中拆除重建和成套改造项目，签约比例需要达到95%以上，较之旧改征收的85%生效率，又提高了10个百分点。根据《上海市住房发展“十四五”规划》，上海将在2022年末，全面完成中心城区成片二级旧里以下房屋改造，约110余万平方米。“十四五”期间，力争提前全面完成中心城区零星二级旧里以下房屋改造约48.4万平方米、受益居民约1.7万户。在“寸土寸金”的上海城区推进旧城改造和租赁住房等项目，非一般的开发企业所能掌控，难免会遭遇多重困难。《中国城市更新白皮书（2021）》指出，对于企业主导城市更新来说，面临的最大难题是融资难、融资贵。城市更新项目开发周期长、难度大，项目现金流与收益均存在不确定性，项目初始资金筹集压力大[1]。

尽管上海棚户区的民生改善问题已基本解决，但现存的被称为“老破小”的里弄区域中还留有一些问题，争论焦点集中于一批建造时间较早、没有煤卫设备的优秀历史里弄建筑。“改革开放至今40多年，上海经历了从以经济发展和城市建设为主要目标的增量开发模式，到如今逐

[1] 《上海最大中心城区提前一年完成成片旧改任务》，光明网。

渐走向以小微更新和有机发展为目标的存量更新模式。”近年来，上海城市更新坚持“留改拆”并举、以保留保护为主，遵循规划引领、成片推进，政府推动、市场运作，数据赋能、绿色低碳，民生优先、共建共享的原则。“改旧换新”中非常注重的一个因素是品质。从最初的“拆改留”到现在的“留改拆”，城市更新逐渐摒弃大拆大建的习惯，在留存的基础上，做适当的“加减法”，保留时代和历史留给城市的不可代替的痕迹。这个过程中，在注重质量的前提下，人们越来越重视城市生活空间所带来的体验，从“质量”上升到“品质”。

（一）纱厂工房

在沪纱厂工房（职工宿舍）是纱厂区的辅助建筑，主要兴建于20世纪10—30年代。如果有足够的劳动力，要使现有工厂能够继续生产，新厂能够开工,就必须适当解决房租和住房问题[1]。当时纱厂的醒目标志就是厂区附近的工房。

永安纱厂于1923年在眉州路224—226弄建造了两处工人宿舍，占地8亩,共有砖木结构的普通住房140余幢[2]。以厂名定名。抗战时部分被毁，尚余房屋被日军作为马棚。上海解放后经过修建作为职工宿舍。

1923年，日资裕丰纱厂在周家嘴地区的农田上建造的裕丰工房（36幢）为两层建筑，主屋格局均为前部是卧室，后部为灶间、水泥晒台。居住对象是该厂的包身工、单身女工、工人家属。

类似的工房还有白林寺小区。白林寺位于杨浦区隆昌路长阳路以南、河间路以北，因隆昌路的阻隔分成东西两片，也被称为东白林寺、西白林寺。东西白林寺前身为大康纱厂于1921年兴建的大康工房。

平凉路1777弄是同兴纱厂当时的职工宿舍——同兴工房，现在还

[1] 穆藕初:《我国棉纺织业之前途》,《纺织周刊》1931年第1期；赵靖主编:《穆藕初文集》，北京：北京大学出版社1995年版，第345—346页。
[2] 崔广录主编:《上海住宅建设志》，上海：上海社会科学院出版社1998年版，第119—120页。

保持着原来的建筑风格。如今，平凉路 1777 弄 55 号、100—149 号被列入上海市第四批优秀历史保护建筑名录内。JY 的父辈当年因为生活所迫从苏北来到上海，在同兴纱厂干活。他们兄弟姐妹四个，靠父亲一个人赚钱，母亲没有工作。1954 年出生在同兴纱厂的职工宿舍[1]的 JY 终于盼到了旧改政策的落实，他是第一个签约的。虽然终于搬离了大桥街道，但他还是盼着搬回来的那天。“就在这个地方留恋了，实际上就是留恋，感觉离开这里很不舍得，还是想在这里。这个感情很深的，真的住在这里也很舒服，包括人文文化。虽然这地方破旧点，但是还是享受到了这种现代化的文化和管理。”[2]JY 说离开这个生他养他的地方，在很长一段时间他做梦还会梦到这里。

JY 印象最深的是中学的时候畅游黄浦江：

我们经常在平阳路定海路那边游泳。训练的时候在水里一游就几个钟头。那个时候我们乘 25 路过去，收四分钱。当时周家牌路很热闹。在同兴工房对面有个庙，还经常听到和尚念经。大约 1958、1959 年的时候，我还记得父亲带着我们去看看戏，看江淮戏，淮剧为主。街边有好多叫卖的，卖花生米啦！卖五香豆啦！很热闹的。

现在看周家牌路好窄，过去没这么窄，还是很舒服的。我记得小学回来的时候在我们工房门口看球，以前我们小时候和现在小时候也有所区别了，现在的小孩不喜欢动，喜欢智力的玩具，比如打打电脑什么。我们过去没有这个条件，就在外面活动，我们男生玩的叫滚圈，好多网，玩得很有劲的。想想当时还是很有趣的，那个时候生活条件没现在好。

说到周家牌路，这是一条很热闹的街，那时附近的商店都是我们经常买东西的地方，就是杂货店。那个时候八分钱一碗阳春面，吃着很香

[1] 同兴纱厂工房位于平凉路宁武路以西约 200 米的平凉路 1777 弄，周边是 20 世纪 80 年代的排屋式新工房。

[2] JY 访谈记录。

的，老板把葱放下去翻一下，很整齐的，吃得也很舒服的，八分钱一碗，现在回想起来这个味道很好的。

印象中附近还有一个很大的布店，就在杨树浦路临青路口叫临青布店，这个叫私开门面了，要买来布自己做。过年要穿件新衣服，我母亲就自己做衣服。

我还有一个回忆，就是我每次过生日的时候，父亲总会带我出去，他买一个苹果，那个时候吃个苹果就很舒服的，平时哪里有苹果吃的？

那个时候，我们没有抽水马桶的，每天早上五六点钟的时候，倒马桶的人过来了，他是苏北的，他就叫"倒马桶咯"，好像叫口令一样的，人家就下来了。马桶拎出去了，就是刷马桶的声音。我们那个时候上班是大三班，一个礼拜早班，一个礼拜中班，一个礼拜夜班。那个时候用水也不是一家一个龙头，按照绑定的，就是说一幢房子可能是两套房子，一个龙头，大家都要去用，蛮有意思的。基本上就是说早上很有烟火气的，大家还生煤炉。生煤炉很有劲的啊，一早起来了生煤炉，它怎么生呢，下面摆个踩板，就是小的木头，经常要刨木片。纸头烧好，点好了以后就把煤球一个个摆进去。那时候还是煤球，没有煤饼，后来才有煤饼。早上要烧水，要烧饭，那时候没有煤气的，所以全部都要生煤球炉子的，煤球炉子一直要用到晚上，到最后也不舍得丢掉煤球。这个就是过去的生活场景，想想虽然过去的日子没有像现在这么好，但是好像是难以忘怀的。我感觉到现在生活条件上去了，但味道没了。[1]

当年 JY 看着杨树浦路一个桩子被拉出去放炮爆破，心里很开心，想着桥造好了，肯定要改造。1993 年 10 月，杨浦大桥刚通车不久，JY 到大桥上观光。站在大桥上往下望，看着桥下依旧零落、破旧的小

[1] JY 访谈记录。

瓦房，他有一种失落和被遗忘的感觉。所以当阳光照过来开始旧改动迁时，

就感觉到好像动迁的阳光照到我们的角落了，非常开心。因为毕竟能够改善我们的生活条件。尽管分房子当中可能会有这样那样的问题，但改善了也很好的。我签约了，我第一个签约的。[1]

尽管是搬到新居，JY在开心之余还有点留恋，怀念多年的弄堂之情，

要搬走了，尽管这个地方看上去很破旧，但是有一点，搬了也依依不舍。为什么依依不舍啊？邻里之间的关系，不好比的。比如说过去有什么困难，他都会过来关心，出来就碰面了。不像新的房子，门一关看不到什么人了，而且人与人之间打交道的机会也很少。这个让我难以忘怀，而且感觉依依不舍。还有我们这里的居民，经常聚餐，一叫就到了，这个很方便。我们这里的居委会也很好，特别能够组织，居委会书记很有方法。现在这里你怎么搞，分散得很厉害。你要搞经济建设，要动脑筋的，我们里弄里，甚至我们居委会里，搞了好多，搞了一个议事小组。就是把在居民里面有威望的人聚集起来，搞议事小组，碰到什么事，充分发扬民主。议事小组的成员有十个人。我们有三条弄堂，三条弄堂里面的人聚在一起，里面有我们居委会党组织，加在一起成立一个议事小组。万一有什么事，这个方法很好。每个弄堂的人都有。书记对我们居民也很关心，有的时候他就组织一点活动，比如说我们这里面有歌唱场所。万一哪个家庭有什么困难了，他会记着，在一定的时机慰问一下。人家能感觉到这个组织给他的温暖，这也是党群之间的和谐关系。通过这样一点点的小事把它聚起来，所以从我们居民来说，对居委会的班子好像比较满意。[2]

---

[1]　JY访谈记录。

[2]　JY访谈记录。

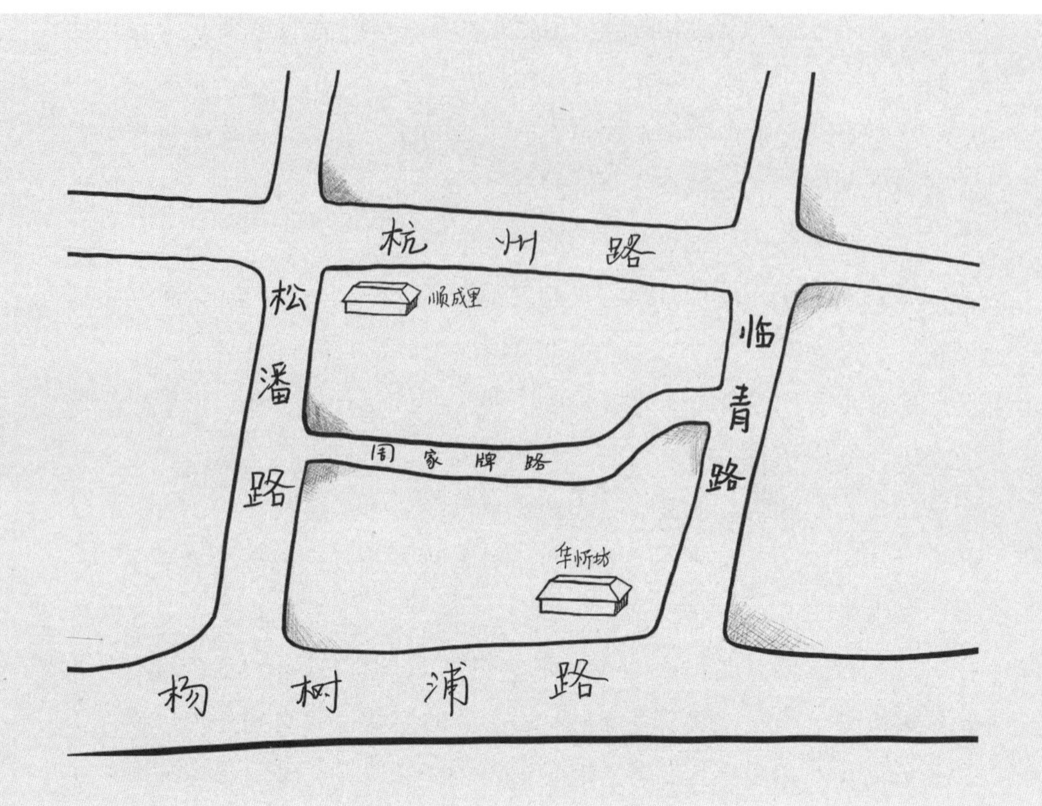

89、90 街坊

（二）*89*、*90* 街坊

89、90 街坊由周家牌路、华忻坊、顺成里、依仁里、杭州路和松潘路组成。自打旧改动拆迁开始，几个百年里弄和周围的路被分配到了 89、90 街坊。大桥街道 89 街坊共涉及周家牌路、仁兴街、华忻坊三个居民区，涉及被征收居民和非居住单位共 2 953 产、3 000 余户，是杨浦区体量最大的旧改征收基地。居住在 89 街坊的居民，很多跨越四代人。他们看着亭子间上搭起一座座三层阁，从三层阁内看着杨浦大桥露出主塔，看着杨浦大桥建成通车，看着最热闹的杨树浦路上的店铺一排排地关闭，看着杨浦滨江边的工厂搬离、公共空间开放。

2020 年 7 月 23 日 20 点，在居民的见证下，大桥街道 89 街坊征收基地工作人员把写有“2939”和“99.53”的数字牌插入公示栏。至此，这一征收项目已有 2 939 产达成协议，签约率达 99.53%，创下了上海市大体量旧改项目二次征询签约首日新高。

大桥街道 89 街坊中的华忻坊位于杨树浦路 1991 弄和 2011 弄，坐落在杨树浦路以北、周家牌路以南、西邻依仁里、东近临青路的方形基地上。1921 年由盛杏荪出资建造，作为华盛织布局的职工住宅，由广式民居 213 个单元，石库门民居 13 个单元，合计建筑面积 17 208 平方米，1955 年改由政府管理。该里设两条坐北朝南的主通道，出入口分别通杨树浦路 1991 弄和 2011 弄。主通道宽为 4.26 米，全里占地面积 1.29 万平方米。出生在华忻坊的 XH 一直关注留在百年里弄中的历史文脉和红色故事。

XH，1951 年出生，兄弟姐妹 6 人。父亲是宁波陶公山人，解放后摇舢板（划小船）摇到上海，定居在华忻坊。后任水上警察。

小时候这个地方，邻里之间都非常融洽，你家里有什么东西啊，送过来，我家里有什么东西啊，送过去，小孩有什么病啊，周围的都来帮忙，等等，这一系列的情况在 50 年代，非常突出，人与人的关系就像家人一样。一条弄堂，就是一个大家庭一样，非常融洽。现在已经没有这种感觉了。生活当然没有现在好，还是比较艰苦的，但是气氛都很融洽，所以这种感觉在我的脑海里面一直是很深的。特别是到夏天，家里面地方小，都把凳子拿出来，搁个板，大家在一起，非常有意思。而且弄堂这种生活方式，好像现在大家回忆起来，在我们这个弄堂都有，比如说滚铁环、跳橡皮筋什么的，非常有意思。

我就在杨树浦第四小学读书。这个小学是我成长过程中第一个接受正规教育的地方。初中分在宁国路上的民联中学，现在已经没有了。初中毕业时赶上“上山下乡”，哥哥高中毕业后在淮北那边插队落户，两个妹妹去的是崇明农场，我就在家等分配。我记得很清楚，1968 年 12

月4日接到通知，那是个星期天。锅炉厂说今天休息不报到，到8号去报到。去哪里报呢，就是锅炉厂对面的技工学校，在宁国路上，在这种情况下我很珍惜这么一个机会。

进去时是学徒工，每个月18块钱，已经很开心了。因为家就在对面，所以我不买饭票，中午赶回来吃。但是晚上回来很晚，因为白天有的操作技术、机器工艺，我晚上还得琢磨琢磨、弄一弄。那个时候倡导一个很重要的概念，就是工人阶级再教育。我在和老工人的交往和学习中，学到他们那种无私无畏的付出精神。当时我被评为企业毛泽东思想学习标兵。在当时的弄堂里面很稀有。1971年，我20岁那年就入党了，1972年组织上安排我去上大学。

从这时开始，我就离开了华忻坊，到闵行去了。学习完了以后，就被安排在闵行搞技术工作，我也很珍惜这个经历。那时有一种倾向，就是在技术人员里面提拔，后来我就去了党口这条线，成为分管党建的副书记，然后做过纪委书记、工会主席。时间就这么一转，我在企业已经待了45年。如果说人生分三个30年，那么第三个30年我要为社会做点事，那就要说到忻氏和华忻坊了。

上海有个忻氏联谊会，当时为什么会组建这个组织呢。我们上海市有位副市长，叫忻元锡，一位老革命。上海市总工会法律部有一个科员，叫忻景昌。忻景昌有一次就碰到忻元锡先生，就问能不能把姓忻的组织起来？忻元锡说，不妨试试，不妨试试。忻景昌就开始骑着脚踏车在全上海蹬，找啊找啊，找到两个工房的厂长姓忻的。1998年9月20日在鲁迅公园的茶室开了第一次会议，当时大概就十几个人。

退休后我就开始担任上海忻氏联谊会常务副理事长兼干事长。那么这样一来对忻氏就有了一种研究。我属于忻氏第18代。电视台报道统计下来上海户籍人口中忻姓现在是7 953人，在全国乃至在全世界，大概也就3万人。到了忻氏联谊会我做了几件事情，第一个就是探索、研究、确定忻氏的族训。我们现在已经开始做家谱的编辑工作。第二个是关于传统文化。宁波这个地方的传统文化很有特色，我们在上海组织了将近100个忻氏族人到宁波祭祖。

后来我就想上海有忻康里、武康里，那么这个华忻坊究竟是怎么回事，我怎么会住在华忻坊？我们就开始探索，那就找下去了，查到了一位叫忻善良的老先生当时就在这个地方的，好像是党的地下工作者。他是怎么组织工作的，现在不得而知。但说明这个地方不一般，作为一个工人比较集中的弄堂，这个地方在我们共产党的发展中发生过一些故事。

当然了这个华忻坊现在还在，还能看到，还能想到，还能找到人。如果说有一天在城市的建设当中，华忻坊拆了，那就只能靠收集的资料来回忆了。[1]

华忻坊为两层砖木结构楼房，沿杨树浦路25个单元的底层为店铺，房屋高爽，平面紧凑，结构用材也较坚实，除了缺少前厅和晒台以外，与后期石库门民居相同。这类民居在大桥街道比较多[2]。作为上海历史文化风貌区保护建筑的华忻坊内有两种民国时期的建筑：一是石库门里弄住宅，二是新广式里弄住宅。上海里弄为适应住户需求，经过改造增加了房间和楼层。新增加的房间都有独特的名字，只要是上海人几乎人尽皆知。比如降低二楼的天花板高度，腾出的空间称为“三层阁”。

JM从2009年开始在居委会工作，2018年从福禄里居委会转到华忻坊担任居委会书记。在她的记忆中，

动迁之前大概三个月的时间，我们跟着街道一起，实行九到九工作制，从早上九点到晚上九点。整个过程从张贴公告、宣讲政策，到签约走访居民，我们都全程参与。而且我们的走访工作主要在晚上进行，因为晚上大家一般都在家。为了更好地完成走访工作，我们往往先跟家里的某个人做好沟通工作。因为不同意签约的家庭内部往往是意见没办法

[1]　XH口述访谈。
[2]　沈华主编、上海房产管理局编著：《上海里弄民居》，北京：中国建筑工业出版社1993年版。

达成一致的，那么我们可以联系家里签约意向比较大的一个人，由他找准时机，我们再上门走访。在这个过程中，我们所有的居委干部倾注了全部的力量。我们这个杨树浦路市政动迁，是杨浦区最大的一个工程，也是市政动迁里面用时最短达到签约率100%的。居民经常问我，我们什么时候动迁，因为我们周边的90街坊在动迁，88街坊也在动迁，只有89街坊还没有动迁。具体原因，我们也不清楚，不过我们一直用心留意着，做好居民安抚与沟通工作。

我想，可能是因为我们华忻坊融合了石库门里弄住宅以及新广式里弄住宅这两种住宅类型，这也是我们华忻坊有别于其他弄堂的最大特色所在，因而尽管我们这边周围都在动迁，政府仍将我们华忻坊作为保留建筑。为了这，我们五月底举办了"我眼中的百年老弄堂"摄影展活动，这里面有我们眼中最美的和比较差的弄堂照片的展现。居民们可以根据照片来判断是在弄堂的哪一片位置拍摄的。在我们这个老房子里面，通过一家的三层阁能看到杨浦大桥，真的是很神奇的。有张照片拍的是华忻坊弄堂口背面，也是我们上海人俗称的"过街楼"，就是跨于两边建筑之上的弄堂口建筑。通过这个活动，居民们学会发现我们日常居住里弄的美的同时，也看到了很多不完善的地方，这是很有意义的事情。[1]

紧挨89街坊的90街坊基地地块区域范围为杭州路以南、松潘路以东、周家牌路以北、临青路以西，是杨浦区史上规模最大的单个旧改基地，涉及征收总产数2 909产、3 651户。坐落于90街坊的由三条百年弄堂组成的顺成里，是老式里弄房子，建造于20世纪30年代初，是杨浦区最老旧的弄堂之一。虽与隔壁89街坊的华忻坊类似，但房型与上海老城厢的石库门房子又有差别。老房子前有天井与客堂间，后有灶间与水龙头；木头楼梯往上是二层阁，再往上是亭子间，亭子间屋顶是晒

[1] JM访谈记录。

台，一个门洞里住了五六户人家。二十几平方米的阁楼间，住着一家三四代人是常态。很多老房子里没有抽水马桶。顺成里中间是一条主弄堂，两侧并排建造连体房屋，从周家牌路延伸到杭州路上。弄堂里那条捉襟见肘的主干道上经常堆满杂物，各种黄鱼车、电瓶车在弄堂里跑来跑去。卖菜的、卖羊肉串的、卖小百货的，把地面搞得又脏又臭，到处都是烂菜、污泥。对于居住在这里的居民来说，洗澡、倒痰盂是件让人头疼的事。

CY26 岁结婚那年是 1983 年，新房就在顺成里 19 号后楼。在“螺蛳壳”里摆了一张四尺半的床，一只大橱、一只五斗橱、一台缝纫机、一台落地扇，还有一张可折叠桌子，空下来可以站人的地方，只剩下不到一平方米。新婚不久，爱人厂里的小姐妹来看新居，七八个人只能在床边上排排坐，才算挤下来。CY 小时候和父母一起住在周家牌路上旧式的棚户区房子里。为了照顾他们，外婆从虹口搬到顺成里 19 号后楼。小时候同学都是住在前后左右的，他经常在同学家玩过了头，误了吃饭的时间。外婆就沿着周家牌路到顺成里，一路顺着弄堂由北往南边走边大声喊他的小名，嗓门很大，CY 虽然在同学家，但总能听见，于是赶紧从同学家中奔出，跟着外婆回家吃饭。

2017 年年底，临近岁末，已经搬离顺成里的 CY 旧地重走。几十年下来，“旧貌未换新颜”。路边的倒粪站显示着居民屋里仍旧没有卫生设备；当街晾晒的衣物，诉说着居民生活质量的落魄。顺成里南街口沿路散布的水产摊点，虽方便居民购买，但脏乱现象依旧。在 CY 看来，这里并没有多大变化，顺成里的居民对美好生活的追求与向往，比其他地方的人们都来得迫切与强烈。

经常身穿绿马甲、手臂上别着红袖章的 CH 嫁到顺成里已经 30 多年，担任居委会干部也有 10 多年了，她说：“居住在这里的居民都是比较困难的，稍微有点钱的人买房搬走了，或条件稍微好一点的，将房子借出去，住在这里的大多数都是老年独居的和借房子的外来人口。”

弄堂里曾经有个小学，停办后成了群租房聚集地。由于居住条件很差，没有卫生设备，造成很大的矛盾。顺成里和华忻坊一样是二级旧里，没有物业，没有业委会，居民碰到问题只能找居委会。30 多年前当 CH 嫁过来，看到这种情况时，

我就想怎么把居民的积极性调动起来，让他们感受到，我们虽然居住在这很困难的条件下，但也有一种幸福感、获得感，有一种满意感，那么我们在硬件、软件上面是不是能够上一个台阶？这样想了以后我就这样做了。我们前后成立了 14 个志愿者团队，每个团队里面都有一个负责人，我就培养他们做"草根领袖"，让他们在团队中发挥作用。

一个居委好与不好，共建单位很重要。没有共建单位支撑，居委会本事再大，也做不到更好，这个是我的结论。于是我就开始找共建单位，我身边都是居民，并没有找到一个能够赞助的人，那时正好有人大代表选举，我觉得人大代表选举是一个机会，不能放弃。于是从那时开始跟欧尚共建。然后我们跟乐生堂共建。他们给我们的帮助很大的，平时跟纳保老人共建，跟低保家庭共建，给老人送棉被，给学生送上书包、生活用品。我们居委做了很多的实事。

我们居委会很早就形成了一个模式。我们将回收的废品卖给收废品的人，有 400 多块钱，我用这笔钱去欧尚买了肥皂。我们这里有六十几家人家养狗的，我把这些户主都召集到一起，要他们文明养狗，把这些肥皂都送给他们。我也会想到我们的志愿者，比如像我们这种年龄的家里，过去会给孩子织毛衣，现在第三代出来了，毛线在箱子里放了又放，都多少年了，快没地方放了。我就叫居民把这些不需要的毛线捐出来，都是新的，但人家这么新的毛线就这样送给你也不行，共建单位有赞助，两斤毛线调一包大米，居民把毛线全部送过来以后，我就组织志愿者编织帽子、围巾、手套等，织好了以后，全部都送到我们杨浦大桥的敬老院。他们很感动的。

前两年我们把这些织好的帽子、围巾、手套送给我们这里的困难

家庭、低保家庭，还有孤老、空巢老人。居民这样说，我们在顺成里做居民很幸福。为什么？我刚才也说了，我们这里低保家庭很多，困难家庭很多，他们也不想输在起跑线上，然后我就到大学联系大学生志愿者，已经两年多了，每个礼拜就到这里，义务帮助我们这里的困难家庭、低保家庭的小孩辅导作业。到放假的时候，我就联系复旦大学外教跟他们口语互动。小孩子一开始看见外教很害怕，和老师互动之后小孩就不怕了。这种福利都是外面没有的，我们就给他们创造这种条件。

走访的时候，我会发掘居民的特长，有人有书法特长，他是党员，我就叫他发挥作用。我找了这样的两位老师，成立老年书法班、儿童书法班。一个礼拜有三次活动，都是自己社区的老师，志愿性质。就这样，我们把社区的志愿者调动起来，发挥他们的积极性。

再比如说外面的私家车到处乱停，这是个社会问题。居民就来找我，说路口都被它堵死了，怎么办？然后我就发动我们的志愿者，自我管理、自我服务。然后就有志愿者报名，一天就报名了 98 个。这边的居委会都很羡慕我们，他们都叫不到人，我们这边抢着报名。我们采用两个小时一个班的轮班方式，就在门口站着，尤其是高峰时间，就是下午 4 点半一直到晚上 9 点，不让外面的私家车乱停进来。我们想各种各样的办法，来减少这种安全隐患，让居民有一种幸福感。

过一段时间我们搞一个活动，一年两次，每个人在自己家里烧一个菜来评比谁的菜烧得最好。我就通过各种方式把他们凝聚在一起，有了凝聚力，大家团结在一起。他们经常讨论“我的菜烧得很好吃”“你是怎么烧的？”我经常会这样做，把他们凝聚在一起。[1]

2019 年夏，课题组采访 CH 书记时顺成里动迁工作已经进入尾声，CH 书记刚组织完顺成里居民的“百家宴”。她告诉我们：“就在上个月，

[1]　CY 访谈记录。

书法班刚刚解散，编织组也刚刚解散。大家都依依不舍，礼拜四在这里，我组织了百家宴，中午的时候大家把自己的菜拿过来，他们都很高兴。那一天是礼拜四晚上，放了很多很多台子，几乎把操场占满了，当时《新闻坊》《新闻透视》的记者都来了。百家宴以后，我们就要各奔东西，大家很难过。我跟他们说不要难过，我们到明年的 6 月 27 日全部回娘家，我们再聚一聚！”

“百家宴”地点就在周家牌路社区睦邻中心操场上，操场上的 21 桌圆台面，每一桌都堆满了家家户户带来的拿手菜，喜爱唱歌的居民 DJ 主动起身高歌一曲《我和我的祖国》。曾经生活在这里的居民，日思夜盼终于过上了崭新的生活，曾经无数次描绘的蓝图也都实现了。盼着从这里搬出去的居民，对美好生活的追求与想往，可能比其他地方的人都来得迫切与强烈，这从 6 月 27 日首日正式签约率达到 99.17% 就可见一斑。顺成里将成为又一个城市改造的美好记忆。

CY 结婚的第七个年头时，YR 刚从大学毕业分配到附近的电器厂，为了方便工作，他搬到周家牌路。刚到时他发现这儿的环境真的不好，脏乱差。

我在这里生活了将近 30 年。我刚来时感觉这边情况非常差，这个情况在 CH 书记上任后有了明显的改善，原本这里经常发生吵架打架等纠纷，因为像我们这种老式小区里弄的邻里纠纷、家庭纠纷很频繁的。有时候邻里间发生矛盾，CH 书记会来帮忙调解，把大矛盾化解为小事情，大事化小，小事化无。之前我对门的两家邻居间就发生了矛盾，这件事情闹到派出所，居委会后来上门解决了这件纠纷，（CH）书记在其中做了很多的劝解工作。由于居委会的协调沟通，平时加深交流、加紧控制，这方面情况有所改善，问题得到了基本控制，矛盾现象也大幅减少了。从实际上看，大家都能感觉到我们街道的情况得到了改善。原本我们这边的电线管理是非常混乱的，这边有三条弄堂，只有我们这一条弄堂的电线全部遮盖住，所以看上去不是很乱的样子。我们尽可能把街道脏乱差情况改善一些，每天都有人清扫里弄，是我们的党员志愿队成员来做的，这个工作长期坚持下来也是很不容易的。

她（CH）将我们分为三个党小组，每个党小组会有不同的任务。前段时间我们社区里的活动，派党员志愿者作为街道志愿者去轮流值班，我们开展严禁共享单车进小区的工作，因为现在共享单车普及，进入小区后影响街道交通及居民出行，民众的呼声比较强烈，我们清理了小区内的所有共享单车。虽然这说起来是很小的事情，但是给居民带来的反响是比较大的。居民反映什么样的问题，我们会立刻针对情况加以解决。比如说原本我们街道养狗的人很多，宠物的粪便对小区环境和居民出行造成影响。我们专门来到每户养狗人家家里做交流工作，印发宣传单，还安排人手每天在街道上进行清扫。这也使得老百姓产生一种由衷的幸福感。大家会感觉到尽管生活的街道环境不是很好，但是精神层面而言，街道党组织尽心竭力为大家服务的热情还是很触动人的。虽然彻底改变环境是非常困难的，但是我们尽力在改善我们生活的街道环境。

我们有七八十名党员，大部分是年纪较大的党员，好几位党龄超过40年。每年7月1日我们会送各种纪念品给他们，让党员感受到党支部的关怀。此外，书记在签约问题上对党员的要求更严格，要求党员带头，我们这边预签约率现在已经超过85%，整个动迁工作从2019年3月就开始了，到6月27日第一次签约结束。8月27日第二次签约结束，第三次将结束于9月27日。分三批，等于是半年时间。

因为这边房子年头长，街道人口多，居住条件又差，所以整个动迁工作是比较困难的。这两天我们根本忙不过来，去每家每户做工作，居民有问题也会直接找到居委会，我们尽量给居民提供帮助，因为现在也都是阳光政策，老百姓也能感受到书记在努力站好最后一班岗。动迁问题上，书记做了很多工作，了解到居民的拆迁诉求，我们都积极推动群众工作。上下沟通起到了很好的效果。

我们这里原本有个民生小学。民生小学搬走以后这里变成了群租据点，弄得一塌糊涂，很乱。后来三个书记做了很多工作，进行清理，改成社区睦邻中心。现在这里基础设施一应俱全，下棋、乒乓球、羽毛球、书法等活动都有，我们还开办了很多活动班和课程班，也得到很好的反响。所以从周家牌路走过来，进到这里会让人感到眼前一亮。

在这样一个地方有这么一个活动中心，居委会花费了很大的精力去完善相关工作。我们这边老年人特别多，比如我自己就已经70岁了，这些老年人活动范围也相对较小，所以有这样一个活动中心是十分必要的。我们街道能有如今的改善主要得益于我们的书记做了很多工作。[1]

“十一五”初期，动迁工作首先是在动迁基地上“六公开”，后来发展成“十公开”。2008年，在小范围试行结果公开的基础上，2009年率先在全市重点旧改地块（平凉街道西块）全面推行动迁安置结果全公开，实现了真正意义上的“阳光动迁”。2010年，杨浦区探索在新启动动迁基地使用阳光动迁信息管理系统，居民可以通过触摸屏，直接查询、了解和掌握动迁基地居民所有安置信息，做到依法、公开、透明、规范。为切实保障阳光征收（动迁）政策一竿子到底，真正做到“公开、公平、公正”，从源头上保证了征收（动迁）工作更加公平合理，使旧区改造工作呈现操作透明、公信监督、邻里共建、上下齐心的格局。

为保障整个旧区改造过程的“公开、公平、公正”，动迁基地启动前，由各街道党工委负责搭建由人大代表、政协委员、法律人士、专业人士、新闻工作者、社区工作者以及动迁居民代表组成的第三方公信平

[1] YR访谈记录。

台，全程参与、协调和监督征收（动迁）工作，建立了由律师、居委干部、经办人员、机关干部共同参与的工作模式，有效协调解决居民家庭矛盾。探索设立“法律咨询服务窗口”和“旧改基地巡回法庭”，帮助协调居民家庭各类“疑难杂症”，受到群众的广泛欢迎。

JF在周家牌路生活了70年，动拆迁时她是最早签约的。同时，作为参与动拆迁的工作人员，在基地的这一段时间让JF也体会到这项工作的不容易：

之前早也盼晚也盼，盼能动迁，但是真的动迁了，很多矛盾比如家庭矛盾也确实接踵而来了。有的家庭情况比较复杂，人不住在这里，户口挂在这里，但是在分配时需要平均分配。对于将父母私房认为遗产的多子女家庭来说，这样的矛盾就会比较大。所以我们每天去做协调工作，经过劝说他能够让一步。我们国家能够投资那么多来投入这个旧改，这来之不易。现在接触下来，应该说大家都很配合，我们的居委会书记和工作人员确实挺辛苦的。

我从小在这边长大，对居民也比较熟悉。总的来说，旧改对居民来说是个福音。

老百姓说现在房价高，所以我们做工作怎么讲？房价是高，但是按照住房条件，补偿的要说多还真不算多，要想去买很理想的房子确实也困难。但是这么大个旧里弄，国家要全部给到位，那不可能。现在的动迁最大的体会就是政策一竿子到底，我觉得工作都好做了。现在的问题就是家庭矛盾，所以政策坚持前后一样，是最关键的。我们这里也曾接到居民的举报信，比如说这家的居住困难申请批下来了，但是特别细节的政策层面，别人不一定知道。有人觉得他们家不一定符合，就写检举信、匿名信。我们就到经办人那边核实，其实有些细节我们也不了解，一核实下来原来是这样的，所以这是很公开的。[1]

[1]　JF访谈记录。

卢汉超在《霓虹灯外：20世纪初日常生活中的上海》中认为，上海虽然是中国最西化的城市，但普通市民的日常生活仍保持了许多传统的方式，传统与现代化并不是简单对立的，对一般老百姓而言，主要的问题是择善而从[1]。里弄居民的各种搭建与改建,大多与对竖向空间的利用和争取分不开，他们沿着原始空间的设计轨迹叠加，楼梯间、夹层、阁楼、晒台都是面积争夺的焦点。弄堂成为弱势群体开辟生活空间的实验基地[2]。对于里弄的居民来说,他们的很多居住空间都是在原有的二层楼之上“违章”搭建的。在计划经济时期，住私房的居民一般无缘享受分配租赁公房的待遇，并且须自行承担维修私房的支出。20世纪50—90年代的杨浦区境内，陆续翻建后的私房、简屋大都过渡为两层、三层的砖瓦住宅，安装了电灯、自来水[3]。

我的（私房）一直搭到五楼，等于一楼到二楼是原来的，三、四、五层的都是违章的，全部不算面积。计算违章建筑补贴，就是每家补偿5万元，也就是一平方米一千元。如果你有超过50平方米以上的部分，一个平方米再补偿你一千元，但是你原来的50平方米要扣掉的。每家都有5万元。像这种公房，不可能有50平方米以上的，但私房是有的，房产证面积不大，违章建筑达到一两百平方米，去掉50平方米，另外再补偿一个平方米一千元，这个毕竟是不多的。

违章建筑造起来也是要有成本的，但这个成本不可能全部补足的，国家就从这方面对违章有个说法，包括装修材料费也有标准，一个平方米一百元，也可能一百一、一百二十元，要评估，不是按照实际的装修费用算的，但很多居民理解不了。

---

[1] 卢汉超:《霓虹灯外：20世纪初日常生活中的上海》，段炼等译，上海：古籍出版社2004年版，第156—158页。

[2] 朱晓明、祝东海:《勃艮第之城：上海老弄堂生活空间的历史图景》，北京：中国建筑工业出版社2012年版，第134页。

[3] 施叔华:《杨浦区志》上海：上海社会科学院出版社1995年版，第303—304页。

在这次的动拆迁当中，让我印象最深刻的是有一家人，其中作为承租人的母亲过世了，儿子儿媳妇跟孙女住在家里，老人的女儿是知青（母亲在世的时候户口迁进来的）。她住不进去，就一直在外面租房子。但是她的户口在这里，为了这事吵闹，然后跪在地上哭，最后给她解决了。还有一家的夫妻和三个孩子住在里面，但是承租人是她住在外面的姐姐。现在他们家一个得乳腺癌，老公也是因脑瘤开过刀的，老老实实住在家里，以前母亲都是她照顾的。到动迁的时候，在利益分配上面，姐姐就很强势。书记看到后叫我去跟经办人说一下，在大平台上再给他们协调一下。像这样的家庭矛盾，有时候不是一天两天就能把事情解决了。我觉得这动迁对大多数居民来说是个高兴事。现在难点就是家庭内部纠纷，有的家庭做好工作了，有的家庭就是不肯松口，有的人他就是不吭声，其实我们觉得有些事他应该让，但他就是不让步。现在经办人不给他分配，势必就落到我们基层，我们给他协调，到最后也有协调不成的，就成了钉子户。

所以现在居委会也好，包括我们这些居委干部也好，其实承担了很大的工作压力。

这个过程中有居民要上访，前期刚开始都是因为对政策有点误解，比如厨房，有厨房位置不算面积。还有的居民，这是老历史了，他把天井装修成灶披间，吃饭烧饭用。拆迁时他把天井算在住房面积里，现在知道天井也不算面积。还有阁楼，他隔出了将近30个平方米，结果也不算面积。他想不通，这样算下来一大半面积都不算，一开始好多人对政策都有想法。所以这个事情他一开始想得也挺多。现在厨房也不算，天井也算不上。老百姓提总是要提的，做做工作就好了，总的来说老百姓还是想动迁的。[1]

[1]　JF访谈记录。

四、高郎桥：上海棉纺织工业区的缩影

如果说沿着杨树浦路可以看到一部浓缩的上海工业发展史，那么走过长阳路，就可以看到上海棉纺织工业的缩影。长阳路是一条和杨树浦路平行的马路，又名华德路，修筑于 1901 年，至今已有 120 多年的历史了。嘉庆年间，长阳路杨树浦港交汇地带出现一座横跨杨树浦港的大石桥，取名为高郎桥。高郎桥的出现赋予了该地区最初的标志性建筑

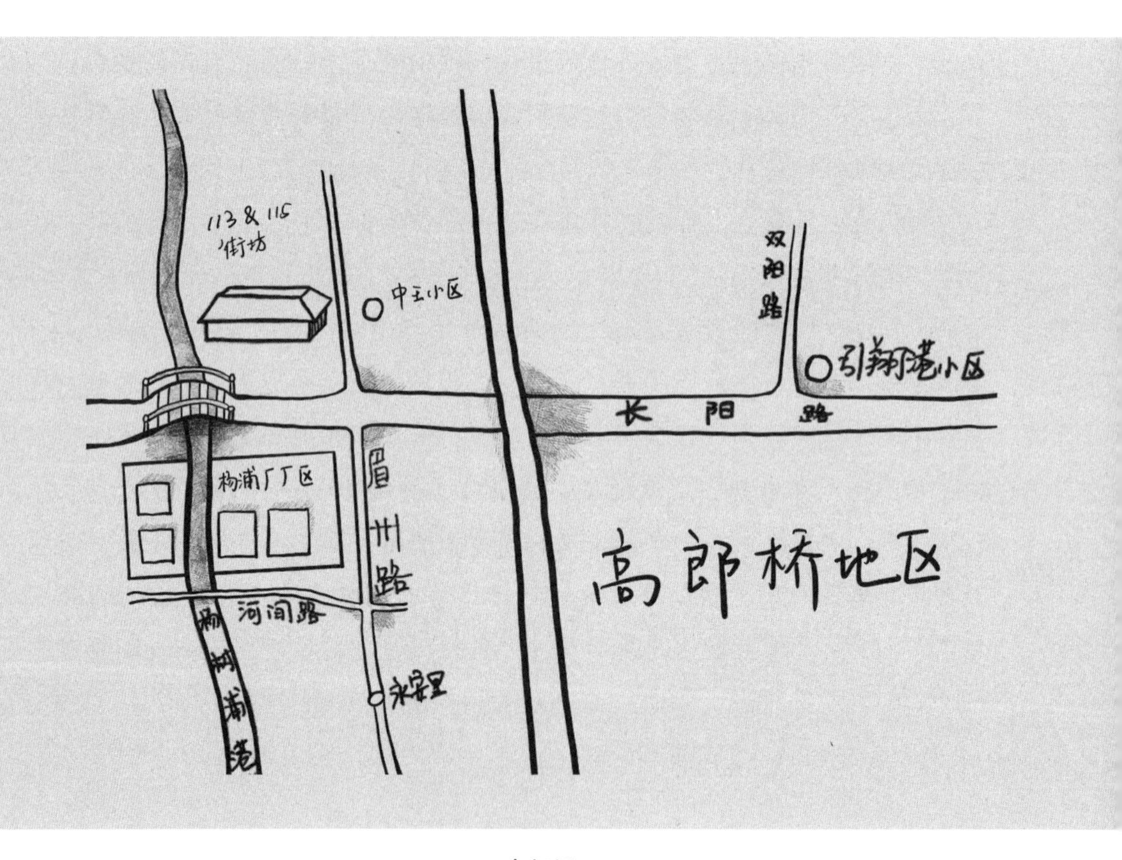

高郎桥

与地名。杨树浦港两侧也是纱厂工人聚集落户地[1]。高郎桥地区的棚户、简屋主要在长阳路以北的杨树浦港东西两侧。东侧的方子桥原是纵横12条河浜的滩地，后因居民渐多，用方木架起两处木桥，习称蒋家桥河东。20世纪40—50年代形成居民点，为棉纺织厂工人密集居住的棚户区[2]。

1907年，华德路延伸到高郎桥西侧；1913年，华德路越过高郎桥向东延伸到引翔镇[3]的西栅口（今临青路）。高郎桥地区逐渐形成一个以棉纺织行业为主的工业区，这里既是近代上海棉纺织厂与棉纺织工人聚居区紧密集合综合体的一个缩影，同时也是近代沪东工业区的一个“下只角”。到了20世纪20年代初期，从高郎桥东堍到引翔镇西栅口，就形成了一个较集中的棉纺织厂小区。长阳路南部是厂区、工房区和工业带，长阳路以北则是尚未开垦的农田、小浜、木桥、小道、农舍等田野风貌[4]。

棉纺织厂落户高郎桥始于1914年。祖籍苏州的穆藕初的曾祖父因避乱移到浦东务农。浦东是上海地区的植棉区，穆藕初的祖父成为穆家经营棉业第一人。1894年中日甲午战争爆发、1895年清政府与日本签订《马关条约》，成为穆藕初转学西学的动力。1909年，34岁的穆藕初放弃海关的金饭碗，在亲友的资助下赴美求学，于1913年获得伊利诺伊大学农学院学士学位，1914年获得克萨斯州农工专修学校农学硕士学位。1914年夏，穆藕初返沪。民初的华商纱厂由于受到华棉纤维

[1] 罗苏文：《高郎桥：1914—1949年沪东一个棉纺织工人生活区的形成（下）》，《社会科学》2006年第1期。

[2] 罗苏文：《高郎桥：1914—1949年沪东一个棉纺织工人生活区的形成（下）》，《社会科学》2006年第1期。

[3] 引翔港，又名引翔镇。位于今长阳路双阳路路口。明万历年间，形成村落。清康熙年间名迎祥浦、伊详浦。同治年间始名引翔港，皆谐音的变化。引翔港曾是上海东北部古老而繁荣的重要集镇。民国六年（1917年），引翔港南段淹没，北段淤塞。引翔港被填平，成为今天的宁武路。1985年起整个引翔港（引翔镇）由中国房屋开发公司改建，棚户区相继拆除，现如今只留下引翔港小区成为历史的注脚。

[4] 钱铮主编：《杨浦区地名志》，上海：学林出版社1989年版，第28页。

粗而短的制约，一般只能纺 20 支以下粗纱，无法织成细布[1]。穆藕初好友郁屏翰支持他移植美棉、改良本地棉种的设想，在引翔乡（1916 年，上海县《城乡自治章程》颁布，高昌乡改称引翔乡）自家土地划出一块土地，作为穆藕初引种美棉的试验田[2]。

1914 年 8 月，欧战爆发后，穆藕初得知有一家尚未完工的工厂打算出售 14 亩地块，穆氏兄弟向亲友筹资 20 万银两买下了这家厂。10 月初，位于高郎桥东塊南侧的地段，成为穆藕初兴建德大纱厂的舞台[3]。德大纱厂就位于今长阳路 1382 号。1918 年 6 月 27 日，位于今河间路 29 号的厚生纱厂正式投产[4]。厚生纱厂全称是厚生纺织股份有限公司。董事长薛宝润，总经理穆藕初。

近代上海棉纺织厂以女性操作工为主体，容纳男工有限，是工资偏低行业，且英资、日资、华资各厂工人工资、福利待遇也略有不同。1910 年上海纱厂女工日工资为 0.17 ～ 0.18 元，1915 年为 0.24 ～ 0.25 元，1920 年为 0.3 元，当时厚生纱厂湖南女工月薪为 8 元，只可勉强敷衍衣、食、住三件事。1931 年厚生纱厂改为申新六厂时，荣家提出"凡可以用女工之处，尽量招用女工"[5]。"1946 年，上海市社会局调查显示，在工人每日工作小时排序中棉纺为第 11 位、棉织为第 6 位；每小时工资棉纺第 20 位、棉织第 27 位；属工作时间较长、收入略低于上海工人平均水平的行业。北片三厂在战后至 1949 年解放前夕，工人日工资在 2.10 元～ 0.80 元之间，荣丰厂工人工资比申五、申六略高。如 1949 年 6—7 月申新五厂工人每日底薪：喊落纱女工 1.40 ～ 1.00 元，电工 2.08 ～ 1.40 元，钳工 1.94 ～ 1.65 元，警卫 2.30 ～ 1.50 元，抄纱 1.40 ～ 1.00 元。纺织女工因生

[1] 赵靖主编:《穆藕初文集》，北京：北京大学出版社 1995 年版，第 46 页。
[2] 赵靖主编:《穆藕初文集》，北京：北京大学出版社 1995 年版，第 37 页。
[3] 赵靖主编:《穆藕初文集》，北京：北京大学出版社 1995 年版，第 46 页。
[4] 方显廷:《方显廷回忆录：一位中国经济学家的七十自述》，方露茜译，北京：商务印书馆 2006 年版，第 17 页。
[5] 许维雍、黄汉民:《荣家企业发展史》，上海：上海人民出版社 1985 年版，第 267 页。

育造成就业间断较普遍，固有‘纺织女工做不长，生个孩子换爿厂’的俗语。对高郎桥地区109名国棉三十一厂退休老年女工的调查显示，她们进厂年龄平均14.6岁；110名退休女工在1949年前平均已做过3.1家纱厂。工时长、工资偏低、工龄间断多，是高郎桥地区棉纺织女工的一个特点”[1]。

1920年厚生纱厂扩招女工时，该厂湖南籍职员黄本操向穆藕初建议可否试招湘籍女工，为家乡培养一批熟手女工。穆藕初遂派黄会想招女工，进展顺利。但这一信息经当地报纸传播后，立即引发不同的议论。1920年4月，陈独秀同李汉俊、沈玄庐等深入到工人中宣传唯物史观。陈独秀还派进步知识分子李次山到沪东等地调查企业与工人阶级的状况。陈独秀通过调查研究，掌握了厚生纱厂女工的大量第一手资料，用马克思主义政治经济学的观点对资料加以分析，写出了轰动当时学界的檄文《上海厚生纱厂湖南女工问题》。陈独秀就沪东纱厂女工问题所写的文章，抨击时弊，揭露了工人与资本家的贫富悬殊和尖锐对立，宣传了马克思主义的剩余价值学说，指出劳动问题的症结所在是无产阶级与资产阶级的矛盾，是无法调和的。

20世纪20年代中期有数名共产党员投身于组织上海纺织女工的事业，如向警予和杨之华。高郎桥地区在20世纪20年代成为“中共在上海开辟早期工人运动的摇篮之一”。“五卅”运动期间沪东分设中共杨树浦部委、中共引翔港部委，工厂党支部先后发展为21个（纱厂8家），中共申五厂党支部（1925年10月建）、中共厚生厂党支部（1925年8月建，申六厂的前身）均属中共引翔港区最早的党支部[2]。

1921年德大纱厂总会计结伙挪用公款作私人投机，亏空数十万元，

---

[1] 罗苏文:《高郎桥：1914—1949年沪东一个棉纺织工人生活区的形成（下）》,《社会科学》2006年第1期。

[2] 罗苏文:《高郎桥：1914—1949年沪东一个棉纺织工人生活区的形成（下）》,《社会科学》2006年第1期。

德大纱厂遂于1925年以65万元出售，改名申新五厂[1]。1923年初，厚生纱厂200余万银两借款到期无法偿还，董事会对于穆藕初提出的解决方案拖延不办。穆藕初被迫停产三天,清查全厂财务后宣布辞职[2]。1931年10月，荣家纺织集团以340万银两盘入厚生纱厂，将其更名为申新六厂。

穆藕初在高郎桥经营的两家纱厂虽然易主，但纱厂在高郎桥地区已深深扎根，成为华商私营纱厂在沪东的重镇，也是申新集团在沪东的唯一经营基地[3]。1947年，申新六厂以1680件20支棉纱价格，购进毗邻的国光纺织印染厂的印染车间，改名申新纺织印染第六厂[4]。1948年1月，由荣德生父子控制的申新系统中的申新二厂、申新三厂、申新五厂和茂新面粉公司、合丰企业公司、天元实业公司在沪组成总管理处，实行统一管理[5]。新中国成立之后，高郎区的纱厂陆续建立了党支部，并陆续建立“厂长—车间主任—轮班工长—生产组长”四级组织形式。1958年10月27日，经中共上海市委正式批准，包括申新五厂、六厂在内的高郎桥三家纱厂合并，更名为公私合营杨浦棉纺织印染厂，简称杨浦厂，成为在中共上海市委市政府领导下，由纺织局部、中共杨浦区委直接管理的工业系统下属的一个基层单位。次日《新民晚报》发表专题报道《从纺纱织布到印染 一家全能厂诞生》，称“本市最大的一家从纺纱织布到印染成花色布的全能厂，今天诞

[1] 唐国良主编:《穆藕初：中国现代企业管理的先驱》，上海：上海社会科学院出版社2006年版，第23—24页。

[2] 唐国良主编:《穆藕初：中国现代企业管理的先驱》，上海：上海社会科学院出版社2006年版，第31—32。

[3] 申新集团的创业者是来自无锡的荣家兄弟。荣宗敬、荣德生兄弟的父亲常年在外埠商号理账。两人私塾辍学后，开始了商界之路。1900年两兄弟开始合股面粉厂，1903年参与筹划创办无锡振新纱厂。1915年两兄弟退出振新纱厂，在上海建立申新纱厂。

[4] 上海社会科学院经济研究所编:《荣家企业史料（上册）》，上海：上海人民出版社1962年版，第255页。

[5] 钱钟汉:《有关申新二、五厂、茂新、天元、合丰总管理处的片段回忆》，上海大学、江南大学《乐农史料》整理研究小组选编:《荣德生与企业经营管理（上册）》，上海：上海古籍出版社2004年版，第577—579页。

生了”[1]。杨浦厂厂区南北覆盖河间路到长阳路，东西自兰州路到眉州路的整片区域，占地约 11 万平方米。

1961 年 4 月，原申六印染车间改建成化纤车间。1963 年 11 月 2 日，邓小平同志到厂视察，参观了化纤车间。1963 年 12 月 27 日，化纤车间改名为杨浦厂化纤分厂，1965 年 1 月独立建制，定名为国营上海第三人造纤维厂。1966 年 10 月 4 日根据上海市纺织局棉纺公司通知，公司合营的杨浦厂改名为国营上海第三十一棉纺织印染厂。1970 年，印染车间撤销，又改名为上海第三十一棉纺织厂。1987 年 10 月 1 日，上海市市长江泽民同志到厂视察并题词：“加强纺织工业的技术改造，为振兴上海服务。”1997 年，受压锭影响，企业停产。申通房产开发公司在厂址上建造商品房。

国棉三十一厂当时的党委书记姚三元在回忆关厂时说：“当时听到要关闭织造工厂，织布车间的女工们，大多在 40 ～ 50 岁，都是老职工，一下子都哭了。其实纺织女工的工作是很苦的，但她们对三十一厂，对纺织机器具有深厚的感情。工人们在临走前，一边揩机器，一边哭，不肯走。她们舍不得离开三十一厂，舍不得离开朝夕相处的纺织机器。”[2]

高郎桥纱厂区除了有 1914 年的德大纱厂、1918 年的厚生纱厂，还有起步于弄堂工厂的三友实业社毛巾总厂。弄堂工厂是上海近代工业文化的一大特色，开设在弄堂里的小工厂、小作坊不计其数，多属日用化学品、针织、文化用品、卷烟等轻工行业。一些民族工业从小厂起步，不断发展壮大，打破了洋货对中国市场的垄断。弄堂工厂作为上海工业化进程的一个特殊现象，不仅见证了近代上海的百年发展历程，也见证了上海丰富多彩的市井生活和民俗文化的历史变迁，成为中国民族工业的重要支柱[3]。

一战前夕，随着外商对中国的资本输出和大规模设厂，实业救国思

[1]　《从纺纱织布到印染　一家全能厂诞生》《新民晚报》1958 年 10 月 28 日。
[2]　黄金平主编：《口述上海：纺织工业大调整》，上海：上海教育出版社 2007 年版，第 87 页。
[3]　左琰、安延清：《上海弄堂工厂的死与生》，上海：上海科学技术出版社 2012 年版，第 23 页。

潮盛行一时，“三友实业社”创始人陈万运就是其中一位，他的创业便起步于弄堂工厂。洋蜡烛因火头稳定、不易熄灭，取代了中国老式油盏灯和土蜡烛，陈万运与两位合作伙伴筹集资金于 1912 年在北四川路横浜桥附近的鼎兴里弄堂办起了小厂。由于资金少，他们只租了几间民宅，安置了 10 台烛芯车，便开始洋蜡烛芯生产 [1]。1917 年，在今大桥街道辖区的杨树浦引翔港购地 30 亩改产“三角”牌毛巾。“三角”牌毛巾还为长征途中的红军加印过特别的纪念毛巾 [2]。

拥有沿江优势的杨树浦工业区、沿苏州河工业区以及有租界优势的肇嘉浜工业区被称为上海近代工业发展的大工业集聚区，而弄堂工厂却分布广泛，具有分散性。弄堂工厂因小本经营，一半处于租界边界地带或者土地价格比较低廉的旧式里弄中。据 1933—1935 年上海市社会局的调查，全市手工业工场共有 5 874 家，手工业工人有 28 676 人，占总数 72.7% 的手工业工场都集中在工业发达的公共租界和闸北这两个区域内 [3]。

与大中型工厂一样，弄堂工厂的发展情况与市场的宽松与否息息相关。几次抵制日货运动为小型企业和弄堂工厂的繁荣带来了发展契机。如 1928 年，日军制造“五三”惨案，引发全国性抵制日货的运动，紧接着 1931 年的“九一八”事变引发全国性抵制日货运动更为深入。1928—1931 年间，日货进口数量大为缩减，可观的国内市场和宽松自由的市场环境使得弄堂工厂又一次迎来了发展高峰 [4]。

1937 年，抗日战争全面爆发，8 月 13 日，日军入侵上海。1941 年太平洋战争爆发，在日军飞机、大炮的攻击下，集中在闸北、杨浦、浦东的上海工业遭到空前的破坏。上海全面沦陷后，工业原材料被搜刮，工业产品被统制或强购。1944 年，日本政府“劝导”对战争关系较小

---

[1] 左琰、安延清:《上海弄堂工厂的死与生》，上海：上海科学技术出版社 2012 年版，第 24 页。
[2] 张仲礼等主编:《长江沿江城市与中国近代化》，上海：上海人民出版社 2002 年版。
[3] 张仲礼等主编:《长江沿江城市与中国近代化》，上海：上海人民出版社 2002 年版，第 271 页。
[4] 左琰、安延清:《上海弄堂工厂的死与生》，上海：上海科学技术出版社 2012 年版，第 51 页。

的民用品工业将机器设备拆下来作为“捐献”，以冶炼钢铁、制造武器。日商纱厂“捐献”最多，致使上海工业遭受到严重破坏[1]。

1946 年，上海棉纺织工业呈现“众枯独荣”的局面。这是因为战后人们对衣被、毛巾等纺织品需求大，纱布供不应求，市场价格不断上涨，成为投机囤积的热门，使原本紧俏的市场更趋紧张[2]。

1949 年新中国成立，私有制工厂被彻底消除，取而代之的是如雨后春笋般遍布全市的里弄生产组和街道工厂，为当时的社会发展起到了相当积极的作用，成为上海弄堂的一道风景。1958—1960 年，大批家庭妇女利用弄堂房屋或自家空余房屋，因陋就简，白手起家，组建生产组，主要承接工厂来料加工，有纸盒组、绣花组、编结组、缝纫组、废品回收组等。20 世纪 60 年代，里弄生产组按种类归并成立街道工厂。街道工厂职工最初以家庭妇女为主，1964 年后陆续吸收待业青年、外地回沪技术工人等。管理好、任务稳定，里弄生产组合并改建为街道工厂，是弄堂工厂在社会主义制度下新的存在形式[3]。

弄堂工厂模式在新中国推行公有制经济和集体经济的政策改制后退出了历史舞台。后来，大部分里弄厂房随着旧区改造被拆除而难觅踪影。

旧时的上海弄堂工厂的分布受区位地价和劳动力、资源量等因素制约，呈现三个特征：租金低、廉价劳动力充足、分散不集中。高密度、低质量的住宅区居住着大量逃难来的破产农民、手工业者等，为弄堂工厂提供了强大的廉价劳动力保障。一方面，这些社会底层人群居住环境恶劣，对工作要求不高，只求维持生计，而居住区内的小型工业对工人的要求低；另一方面，这些廉价劳动力既保证了弄堂工厂充足的人力资源且没有过多的工资负担，这种双赢效果促使更多的小型企业落户里弄区[4]。

[1] 左琰、安延清：《上海弄堂工厂的死与生》，上海：上海科学技术出版社 2012 年版，第 59 页。
[2] 左琰、安延清：《上海弄堂工厂的死与生》，上海：上海科学技术出版社 2012 年版，第 60 页。
[3] 左琰、安延清：《上海弄堂工厂的死与生》，上海：上海科学技术出版社 2012 年版，第 63 页。
[4] 左琰、安延清：《上海弄堂工厂的死与生》，上海：上海科学技术出版社 2012 年版，第 22 页。

五、桥二代的回忆

（一）河间路

RF，1950 年 12 月 26 日出生于齐齐哈尔路，以前这个地方属于榆林区[1]。大桥街道那时属于杨树浦区，1950 年杨树浦区改称杨浦区。

在 50 年代的时候，这两个地方（榆林区和杨浦区）就合并在一起了，所以我也算是在这个地方出生，我呢，搬过几次家，但是每次搬家都不超过 3 公里，我父母就在这个上海第三十一棉纺织厂工作，就是大桥街道这边的厂，我读书的时候是在惠民中学，小学是在通北路那边读的。大桥街道以前是两个街道，是眉州路街道和宁国路街道合起来的，小的时候大桥街道给我留下了很多的记忆，可能 BS 更了解一些，他是出生在这里的。在抗战以前，这里已经被开发了。大桥街道所在的位置，以前叫公共租界，1840 年鸦片战争以后，上海成为五个通商口岸之一。杨浦这里，从苏州河的北面过来，就是公共租界。杨树浦港现在变成大桥街道和平凉街道的界河了，扩展以后，这里造的第一条马路，就是杨树浦路，那边全部都开工厂了。我生下来的时候，已经解放了，听我父母说，这边之前都是农田。

实际上，杨浦区还是蛮好的，五角场那里，我小时候就经常去玩，当时出了周家嘴路就是农村，控江路也是没有的，在大桥街道主要的马路只有这么几条：杨树浦路、广州路、常州路、沈阳路，这是铺得很好的马路，好的马路是柏油马路。

我们小时候和父母说，我要到上海去了，人家要问：“你不是在上海吗？怎么要到上海去？”实际上呢，这里之前是近郊，而不是市区，很偏

[1] 榆林区，旧区名。1945 年由上海市设置。榆林区最初辖区相当于今平凉路街道和江浦路街道的南部。1960 年榆林区被杨浦区兼并。

僻，不过公交车还是有的，那是70年代以前。抗战以后，这里工厂比较多，后来增加了公交车，好像长阳路也有公交车，长阳路以前叫华德路。[1]

BS居住在合佳小区，80年代中期由旧小区改造而成。BS记忆中动拆迁前，合佳小区那里地势较低，辛家宅和夏家宅之间的界线就是直通杨树浦港之间的一条小河。每逢雷雨天，杨树浦港涨潮（杨树浦港直通黄浦江），大多数居民家中都会漫进水，有的家里积水甚至会漫到床沿处，只好想办法逃到他处避难。平时用水只能靠井水，后来慢慢有了自来水，挑、扛、手拎铅桶，喝上自来水。那时烧饭靠生煤炉、方便靠马桶，生活真是十分不方便，但是当时社会风气比较好，偷盗事件很少发生，邻里关系十分友好。一家有难，众人相帮。

1978年改革开放，老百姓日夜盼望居住环境能得到改善。政府重点关心老百姓居住环境，为改善生活质量，大批老旧小区拆迁了。当时的辛家宅、夏家宅就是其中一个拆迁的地块（河间路38弄地块），那里的房屋都是平房，绝大部分居民都是姓辛或姓夏的，很多都是好几代人，有上百年历史。经过战乱的洗礼，很多房屋都遭到不同程度的破坏，虽然有的房屋经过整修，但仍旧保留了原本的样子，如北京四合院一般，宅门前有一口井（还有小天井），家里有大客堂、顶梁，还有供奉老祖宗的排位和族谱，上面记载着历代子孙的名字和生辰八字，这些东西一直延续到“文化大革命”，在“文化大革命”中大多被毁掉没有保留下来。

1987年，当时纺织局下的毛麻、丝绸两大公司会同居委会成立动迁组，召开辛、夏两大宅居民大会，宣布拆一还一政策，广大居民欢天喜地、敲锣打鼓，举双手赞成。因此在一年不到的时间内拆迁任务完成，并且在不到三年时间内大部分拆迁居民搬回到在原地翻造的新小区里，有的居民不到三个月就拿到了新房子，就是现在的合佳小区。BS回忆这段生活经历时感慨万千。

[1] RF访谈记录。

（二）转岗

1948年，LW的父母从江苏来到上海，租借在现在的河间路38弄。那是个院落，住户主要来自江浙，有宁波人、南通人，还有本地人，邻居关系相当融洽。1950年，LW出生。

本来跟房东借的，后来我们每个月就把租金付了，就相当于把他的房子转过来，这样以后就一直到房子拆迁。我们这里1986年房子拆迁就开始了。为什么拆迁呢，因为一到下雨天，雨稍微大一点我们这个院子就积水。这个地方看上去也蛮高的，但那个时候水要没到膝盖，小孩坐在木桶里就像坐在小船里一样。他们就打报告给人民代表。1986年我们这块开始建造，我记得很清楚，我们是1988年8月6日搬进这个房子的。我们搬进来时，后面还在造，造好一批再住进来一批。

我们姐妹四人，我是大姐。父亲在运输公司工作，母亲打点临时工，那个时候妇女大多数在家里，后来就去杨浦棉纺印染厂。我读的是民办小学，中学直接考到了杨浦棉纺印染厂。当时是半工半读，半天上课，半天在厂里跟着师傅上班。我当时分配到保全车间给织布机加油，后来做钳工。

1966年，我虚岁17岁那年初中毕业。那时像我们这种性质的公立中学，全市就读的有几千人，但整个上海市就我们直接分单位，我分在了浦东纺织机械厂做维修钳工。从1966年到1969年做了三年学徒，那个时候学徒工收入低一些，17块多，19块多，23块多，转正后是41块，那时候41块不得了。到了1970年，我就去工农兵上大学，学了一年左右。1979年入党之后在劳动工资科做人事工作，1989年调到纺织机械六厂当副厂长。这个时候纺织行业经济已经不是很景气了，我去做副厂长后，包括劳动工资科、义务社、教育科、后勤、保卫都是我管。1990年，我去纺织干校学习一年多，这个证书很少的，我们纺织（系统）大概就30多人有[1]。

1994年，纺织行业开始大调整，作为副厂长的LW调到浦东做青少年保护工作，直到2010年退休。

（三）校办工厂

GM说父亲经常讲起他的命是解放军给的，所以家人给他取了个小名叫“解放军”。他刚出生没多久，好像就没气了。当时家人抱着他赶往医院抢救。医院的门锁着，正好解放军在那里站岗，直接用枪把门锁撬开，医院就立马检查，终于把他给抢救过来。当年那个医院就是现在的老年康复医院。

那时我们家穷，先抢救，欠着医院的钱每个月慢慢还，还到最后就免掉了。

我的经历其实也是当时老百姓的经历，当时好多人都是在经历这些，杨浦区这里都是工厂，我父母都是纺织工人，都是这样子过来的。我记得很清楚，当时兰州路就这么回事，现在兰州路最漂亮了。当时的住房条件很差，我们家六口人住24平方米的房子，以前我们住房都很紧张。我们生活、吃饭、做客都在屋里，外面辟了两间房子，一个烧饭的、一个卫生间，我们家算大的，比我家小的还有很多呢。你们没体会，以前人家五六个人，就十几个平方米，我们家空间算大的。

读到高中时赶上“文化大革命”，我就去了上海汽车电机厂。恢复高考后，我考上了单位的职工大学，读了三年。后来又考到上海第二工业大学工程师进修班。1996年，我们单位买了一个数控磨床，数控在当时是很先进的。单位派我到四川青城山的厂里学习。后来太累，累到溃疡出血，调理好身体后，我就从一线慢慢退到两线，再后来工厂跟国外的工厂合资了。合资之后需要技术好的人，许多年纪大的、身

[1] LW访谈记录。

体不好的，就要慢慢地消化掉。这个是改革开放消极的因素，下岗的人也很痛苦的，你要去工作，你要养活家里人，所以那个时候离婚率很高。因为男的不能够支撑一个家庭，下岗了，家庭破碎、离婚的很多。我大约是在40岁的时候下岗的。这个事情就烦了，我要养活家庭，怎么办？你不能申请长期病假，你要有一定的收入，你靠病假工资肯定不能维持家里。正好当时有政策，我就到眉州中学[1]去办了校办工厂[2]。[3]

GM住的房子1999年开始动迁后，

我就在这里买了房子，一百零几个平方米，那就可以了，还有一个地方，我老婆那个房子又动迁了，我记得是在河间路宁武路买了一套房，三个人两套房，要160多平方米了。现在住房条件跟以前有天壤之别，现在很宽敞，一个人有五六十平方米，有这么大的面积以前真的不敢想。当时动迁的时候政府给了很多的补贴和优惠，我这个房子，当时动迁给我19万元多，不到20万元，我要买三房一厅，我买这个房子要41万元，我自己还贴了20万元左右。银行里贷款贷了一些，再把所有储蓄拿出来，银行贷款还了五六年。现在这个房子800万元都拿不下[4]。

提到现在的生活，GM觉得很幸福。

我们挺幸福的，有种幸福感，起码以前想吃没东西吃，现在小孩想吃什么就有什么。像现在，如果你讲比以前还痛苦，这肯定是对社会有歧视。现在社会进步了，以前一家人挤在十几个平方米里，现在一百多

---

[1] 眉州中学创建于1962年，2009年起更名为上海市新大桥中学。

[2] 校办工厂是指学校根据教学和办学需要所开办的工厂。在高等学校也是校内教学、科研、生产三结合的基地。任务：承担教学计划规定的教学实习和其他实践活动，使学生做到理论联系实际；根据社会需要进行产品的研制和生产，增加学校收入，改善办学条件。1958年1月，毛泽东在《工作方法六十条（草案）》中提出：大学校和城市里的中等学校，在可能条件下，可以由几个学校联合设立附属工厂或作坊，也可以同工厂、工地或者服务行业订立参加劳动的合同。

[3] GM访谈记录。

[4] GM访谈记录。

平方米住几个人，你看住房很宽松对吧。环境方面，以前天很热的，条件又差，现在有电风扇、空调。现在的生活，上海老百姓应当有一种幸福感。[1]

GM也很怀念以前的生活：

我们小时候游泳就到黄浦江去，就到滨江大道下面游泳，船开过来闷在里面，然后再出来。以前因为穷，没钱，游泳池不可能去，天热就去黄浦江游泳。以前每个人都很亲近，照了面大家打招呼，你有什么事情我帮你，现在住了这个房子，你看这个房子很气派的，不过人跟人都很冷淡，对门姓什么我都不知道，人跟人都很隔膜。

对未来GM充满了期待：

国家有规划，既然要把杨浦大桥这边五公里建成一个世界的商业中心，那肯定要投入大量的资金跟人力，肯定要规划好，不是说哪个开发商能造就进来造，国家投的钱不得了，所以要有规划。我记得国家讲五年之内要把五公里之内的区域打造成世界的商业中心，所以这两年应当能看得到。[2]

（四）顶替工

为了安置社会青年就业，上海先后于20世纪60年代和70年代，两次实行老职工退休退职后招收其一名子女参加工作的政策，也称为“退休顶替政策”。1962年12月，上海市人民委员会批准市劳动局关于《上海市企业单位老弱职工子女顶替工作暂行办法》。为了规范政策的具体实施，1965年4月27日，上海市人民委员会转批市劳动局《关于上海市企业单位老、弱职工子女顶替工作的几点意见》。“文化大革命”开始后，1968年5月16日，市劳动局发出《关于停止执行职工退休退职后子女顶替和取消职工因病死亡后照顾子女工作问题的通知》，决定从

[1] GM访谈记录。
[2] GM访谈记录。

当年6月1日起停止执行“退休顶替政策”。

1978年5月24日，为了安置职工子女和上山下乡知识青年就业，第五届全国人民代表大会常务委员会第二次会议原则批准国务院发布的《关于工人退休、退职的暂行办法》，其中规定：工人退休、退职后，家庭生活确实困难的，或多子女上山下乡、子女就业少的，原则上可以招收其一名符合招工条件的子女参加工作。招收的子女，可以是按政策规定留城的知识青年，或是上山下乡知识青年，也可以是城镇应届中学毕业生。1979年1月5日，上海市劳动局下发《关于贯彻执行国务院关于安置老弱病残干部和工人退休、退职的两个〈暂行办法〉若干具体问题的处理意见》，退休职工子女顶替工作在全市范围内展开。

这一政策在当时解决城镇就业问题中发挥了重要的作用。自1978年10月至1983年11月，全市退休、退职职工共66万人，子女顶替工作的约58万人，其中上山下乡知识青年32万人、城镇待业青年及应届中学毕业生等16万人，两者相加为48万人，占比近83%[1]。

LX，今年（2022年）72岁。当年以知青身份顶替母亲工作的方式回到上海。在单位曾担任工会主席，解决群众纠纷。退休后成为引翔港居委干部，运用自己在单位的经验调解旧里动拆迁中的群众矛盾。1989年，引翔港地区被完全铲平。在LX担任居委干部时，面对的引翔港最大的群众矛盾是分房。

我去的是黑龙江，去的时候17岁，到了那里一直坚持“吃苦在前，享受在后”。1974年入党，入党一年以后提了干，成为农场的副指导员，因为我们当时分配在分农场，连着家属和职工大概管理七八百人，我们知青就有五六百人，有上海知青、天津知青、哈尔滨知青等。回想一下，那时候的工作挺累的，但是我觉得自己年轻，也

[1] 上海劳动志编纂委员会:《上海劳动志》，上海：上海社会科学院出版社1998年版，第161页。

要求进步，所以严格要求自己，工作配合也不错，家属和知青都认可我的工作。1979年的时候，我顶替妈妈的工作返回了上海，说到这，还要感谢这个政策，如果我们回不了上海，就只能一辈子扎根在农村了。

那时候下乡，不只是我一个人，我们家有六个子女，大哥毕业后就在工厂，二哥是高中67届的学生，大哥后来到崇明去了，我是家里的老三，本来想着把我留在上海，没想到我们68届一片红，只有一个面向——向着农村，所以我就到农场去了。说到去黑龙江也是有原因的，因为我在学校时是大队委员，学校老师对我挺好，建议我到黑龙江去，那边有工资，是集体生活。我当时想再远再近都是一年回一次家，还不如到黑龙江这个有保障的地方去，如果去江西那边是很苦的，所以老师给我出主意让我去黑龙江。

我去黑龙江的第一年就有32元的工资，我们住集体宿舍，有食堂有值班，什么都是集体化，那时候的工资虽然看着不多，但是能够支撑我的生活。在农场的时候，10元钱就能过日子了，剩余的20元钱我就寄回家，给家里补贴家用，毕竟我在家排行老三，老大工作了，老二到农村去了，我下面还有两个弟弟、一个妹妹。关于我们家当时几个子女的状况，老四去了南京的工矿，老五到崇明去了，至于老六就留了下来。其实我们家六个孩子不算分得很好的，当时务农里面还分插队和农场的，这是不一样的，我们家都在农场，没有插队的，所以六个孩子等于四个下乡，两个在上海，后来就全回来了。二哥读了农林大学回来的，弟弟和我都是顶替回来的，当时我顶替我妈妈，我弟弟顶我爸爸。回忆那时到农村的日子，经济是挺紧张的，都回来以后，就好很多了。

我们家是个大家庭，在下乡之前，我爸爸那时候可以算高工资了，因为他是技师，拿90多元钱，那时候他虽然是高级技工，但是他没上过学，13岁开始就学徒了，学的是修汽车，高级汽修。但我家有爷爷、奶奶两位老人，无工作，还要抚养六个孩子，妈妈在里弄加工组拿20多元工资，加一起就100多元。那时候最低生活条件是人均6元，我们家超过了最低生活条件，学校不补助，所以生活还是很紧张的，如果有婚丧嫁娶事宜，工资就不够用了，就需要问邻居借钱，等父亲发了工资再还。不过我觉得那时候，社会秩序好，邻里关系很好，大家互相帮助，都很和睦，用现在的话说就是和谐，现在的和谐与那时候的和谐还不太一样，那时候都很淳朴。我爸爸是技师，帮他人修理机器，别人就给点钱补贴家里。

我和我爱人是在农场认识的，他是家里独子，他比我先回来两年半，然后我顶替回来了。我本来应该去读书的，那时上海华东师范大学有个老师都来看过我了，我们农场全票通过。但后来农场党委下了死命令，年轻干部一个也不放，扎根农场干革命，就把我的这个名额给去掉了。当时我受的打击很大的，要不然我就可以读书了，不会顶替我妈妈了。1979年，我顶替我妈妈工作，我妈妈做的是最苦的工作：抛光。我们是做老虎钳的，要把老虎钳打亮，这个抛光器很大，这个工作男人做，女人也做，我做起来很认真，师傅教了三天我就学会了，然后我做的产量和师傅一样。因为我在农场入了党，还提了干，我的工作也蛮认真的，做了半年以后单位就把我提上来了，做了工会主席。

80年代，企业要改制了，由计划经济向市场经济转型，企业改制给我的印象很深刻，使我记忆犹新。因为当时我已经在领导岗位上了，要求45岁、55岁的都要回去，我是工会主席可以不回去的，但其他人都下岗回去了。这个工作很难做，因为涉及每个家庭的切身利益，当时我们的工资也不高，就五六百块钱，他们回去以后就拿两百多元钱一个月，相差三四百元钱，一个家庭没办法生活，像我们这个年纪，多数有两三个小孩，这对大家的打击很大，应该说当时形势不稳定，这是难点。

特别是分房子，那个时候计划经济分房子，我们厂里有个人分房子还不够资格，那时候分特困和贫困两种，她不到特困标准，但我们是给特困人员分房子。然后她就来吵架，我给她讲政策，她不听。有一次，她和她的老公骑着摩托车，直接冲到我办公室，把摩托车头盔朝我头上砸过来，拉我衣服。那时候是夏天，衣服扣子全掉了，很暴力。后来我们厂保卫科人员到场，说要报派出所，再后来派出所的民警也来了，说要把她拘进去。当时我想没有这个必要的，如果把她拘留了，最后还是要到厂里来解决问题，还不如我自己解决这个事情。我觉得好多事情真的是这样的，如果报上去，还是要退到厂里来解决，而且她还恨我。如果她应该进去的，但由于我的原因她没有进去，她会感激我，我工作也好做，而且对下面人的管理也是有好处的。后来我就找她谈，首先把政策给她看，证明她不够资格。其次，跟她讲，特困线解决后就会解决贫困线，而且房子是上级分配下来的，应该是谁的就是谁的，这里面是没有被私分的。说完以后她很感动，而且我跟她说今天她本来应该被拘进去的，但是我觉得没有这个必要，我有小孩她也有小孩，哪怕进去三五天都会有一个污点，所以我不会让她产生这个污点。后来她很感动，买了衣服布料送给我，还叫她老公到厂里来给我赔礼道歉。我们开了个关于分房子的会议，她在会上做了检讨，我觉得反响挺好的，他们都说我宽宏大量，像男人一样的性格。所以我就觉得做工作，不要觉得今天人家不好，不给你面子，不听你话，就去针对他，没这个必要。所以我退休这么多年了，现在我们好多同事过年过节还要上我们家里来看我，从这一点来说，我就觉得当时我在厂里做人没做错。所以，真的不要计较。

我这个以德报怨的工作方式跟我下放在黑龙江的10年经历很有关系，因为我在黑龙江的时候，农场里什么样的人都有。对待不一样的人，要根据情况采取不一样的方法。我后来到厂里把以前在农场里的这个工作方法，结合实际情况，再进行细化。

新中国成立70多年来特别是改革开放以来，对我来说特别深的感触是，我觉得从整个社会来说，正能量多了，人和人之间比以前和睦了。因为我参加居委会好多工作，现在有什么事情，只要一个号召，一般来说大家都是响应的，这一点我觉得真的比以前要好多了。以前大家不积极，尤其是在里弄里，没有制约的，我不干就不干，但是现在这一点变化很大，比以前好很多。每个星期四是我们的志愿劳动时间，就像我们小区里面一百多户人家中几十户人家都出来当志愿者，男男女女、老老少少都有，我和我先生每个星期都出来做志愿者，我们觉得干活还挺开心的，整理楼道、清扫垃圾等，这些都可以做做。还有如果有开会、听讲座，一号召都坐满了，这就是人的思想跟着形势的变化在前进，包括年纪大的人也是如此，这一点我感受最深。[1]

参加了“上山下乡”，最后以顶替方式回上海的“工二代”还有CZ。CZ因为“文化大革命”时中学没怎么上课，他就经常在家待着。他是家里的老大，下面还有三个弟妹。那个时候老大一般都是去农村的，所以在1970年4月，他就“上山下乡”了。

在分配时有分到军垦农场的，有插队落户到黑龙江、云南、江西、安徽这些地方的。家庭条件差一点的，就给分到军垦农场，因为那里有工资，36块钱一个月，吃饭不愁。像我这样的，农场去不了，但插队可以分好一点的地方，所谓好一点的地方就是有米饭吃，我就被分到了江西。我们学校有七个人去了那里。我被指定为集体户的户长，所以去的时候我还管钱了。那个时候我们每年有下放资金的，用于生活开销，就像一个家一样，这就是插队落户。我们刚去的时候，当地农民是不要我们的。因为前面已经去过三个人，整天在晃荡，农民还要负担他们的个人生产。既然是响应毛主席的号召嘛，知识青年上山下

[1] LX访谈记录。

乡，当地也不能推脱，就把我们分在一个生产队，我们那个时候都拼命干活，一年下来，他们觉得我们这批上海青年不错。当时成立了一个农科所，当地的下放干部和我们一起集中在那里，在农科所时的条件改善了一点。一直在那待了六年，到1976年，我就到南昌的大学去读书了。

到了1979年，我以顶替的方式回到上海中纺机，在工具车间工作。当时我去报到的时候他们说这里顶替都是当工人的。我那时把资料全部带回来了，当工人就当工人，就这样在工具车间待了一年。后来工厂要进行工艺改造，领导知道我上过大学就把我调到技术科去了。我在工具车间那一年负责设备维修，所以对各种车床都是很熟悉的。在技术科一直工作到2018年。当时，厂里要进行改制，就在中纺机最辉煌的时候，作为中层干部我最后也离开了中纺机。

中纺机在后来并入上海电气集团，原来的中纺机老厂房也重新利用转型成为长阳创谷。今天如果说再回到中纺机的话，我会觉得蛮自豪的，因为这是我工作过的地方。但也会感到很可惜，这六千多人的厂看着它只剩几百人，然后就没了。那时我们研发部门里都是从德国回来的高科技人员，这些人不亚于搞原子弹搞航天器的人。中国95%以上的织布机都是从中纺机生产的啊。我们厂以前在全国很有名，虽然现在转型了，但毕竟厂房还在，我们的历史也还在。现在叫电力学院的地方以前是中纺机的铸造车间。我们厂原来还有两个码头，用来运输木材，就是那种大的竖过来的木头。从黄浦江的码头运过来后还要用车运，所以那个时候厂真的是很大的，我们厂在上海属于大型工厂。那时候足球比赛，中纺机得的是第一届陈毅杯足球比赛冠军。因为这是一个大厂，而且那个年代工人阶级是很有力量的啊，所以那时候如果分到中纺机，真的很好。[1]

---

[1] CZ访谈记录。

六、方子桥：旧改钉子户

大桥街道113、115街坊，即当地人口中的方子桥，在高郎桥北。2000年前后方子桥地区的老屋一度启动动迁进程，但进展缓慢。2003年西方子桥旧区改造基地项目（西起杨树浦港到眉州路，北起周家嘴路到长阳路）约148亩[1]。2010年，高郎桥两岸的景观反差强烈，桥南是群楼交相辉映，桥北却依然是成片简屋。自2018年9月开始，为改善民生，该地区进行土地旧改征收。"从空中俯瞰这片地块，会看到一片层层叠叠、高低起伏的棚户房，就是在这样一片旧城区，70多年来生活着2 654户居民，很多人是三代甚至四代同堂地蜗居在十几平方米的老房子里。冬天阳光照不进来，夏天蚊蝇密布，雨水从房顶或门缝里灌进家中，处在低洼地势的居民家成了一个个小水塘。""但这也是他们小时候经常玩耍的地方，每到傍晚时分，每家就在房门前开灶做饭，炊烟四起……"[2]

方子桥有77%的房屋为私房，且大部分是共有产权，很多居民产权证上还是上一辈甚至上上一辈已故老人的名字。"有一家29.9平方米的房子，房子的产权人及其子女一代均已过世，居住在此的是第三代也已经有了孙辈，涉及的共有产权人达到33人"，这些对旧改工作来说都是极大的挑战[3]。

2002、2007年，115街坊曾经启动过旧改，搬走了一批居民，后来旧改工作一直进行不下去。负责征收的杨浦第二征收事务所负责人说他们刚接手这个地块时，有原来没签约留下的，有签好又搬回来

[1] 孙丕鼎主编:《杨浦年鉴（2003）》，上海：汉语大词典出版社2003年版，第238页。
[2]《再见，方子桥！ 98%签约，杨浦今年最大旧改基地首日签约生效》，搜狐网。
[3]《再见，方子桥！ 98%签约，杨浦今年最大旧改基地首日签约生效》，搜狐网。

的，有已经搬走但隔壁邻居又在其房屋所在地私搭违建的，有为了多要动拆迁款自残的，情况极其复杂。在方子桥，由动拆迁而引发的家庭内部矛盾，已属平常，到居委会书记 WT 那儿去吵闹也是常有的事。

2017 年 9 月 19 日，上海市规划和自然资源局发布《上海市人民政府关于同意上海市历史文化风貌区范围扩大名单（第二批风貌保护街坊）的批复》，而大桥街道 115 街坊正在名单内。2021 年 5 月 31 日，大桥街道 115 街坊被批准进行工程建设。根据《上海市历史文化风貌区和优秀历史建筑保护条例》，“市、区人民政府鼓励通过设施完善、功能调整、环境优化等方式，在符合保护要求和尊重居民生活形态的基础上，发挥保护对象在社区服务、文化展示、参观游览、经营服务等方面的功能，促进活化利用”。2021 年 5 月 26 日，上海市政府新闻发布会提到：“很多历史建筑就在旧改地块当中，旧改地块本身也有相当一部分是在历史风貌区。”

对于这一地块，政府从几年前开始动员居民搬迁，给予每户一定的补贴，让他们另外买房或是租房住，钉子户从 19 户减少到 2021 年时只剩下一户，仍住在原址。留下的那一户是夫妻俩，妻子 70 岁，苏北人，年轻时来到上海，已在上海生活了几十年。丈夫生病住院，现在就她一个人住着，这间小房子是她公婆留下来的。她称家中有九口人，自己、丈夫、丈夫的两个姐姐以及几个孩子，孩子已经成年，有工作，她希望政府补贴 200 万元，让他们老两口可以在外面找到一处安身之所，但动迁政策是按照土地面积进行补偿，而不是按照人口数。她和丈夫现在的经济来源，全依靠丈夫每月 2 200 元的退休工资。他们每月饮食方面就要花费 1 000 多元，生活很艰难。她的儿子 40 岁了，有工作，但收入也不高。

七、引翔港：十年

MZ出生于1953年。“文化大革命”时下放到崇明前哨农场，21岁入党，并于同年担任连队的党支部书记，一直到1979年返回家中。后被安排在生产调节器的供应科。2005年，上海纺织行业中的仪表行业全部被关了，MZ所在厂被兼并。在家照顾老母亲的MZ看到大桥街道招聘社区工作者，就应聘到了引翔港居委会，分管老龄工作。引翔港社区位于当年高郎桥东北片区。

在这10多年当中，我还是比较有人气的，为什么呢？在当时，有一个有线电视机顶盒转换的工作，就是把旧机器拆下来，把新机器装上去，教会老人如何使用。我们街道对居委干部要求蛮高的，有一个“四百”活动，即走百家门，串百家门，进百家门，做百家事。当时，在引翔港居委会这一块，将近有800户人家，老年人占的比重比较高，因为条件稍微好一点的都搬出去了，所以跟老年人打交道也比较多，平时给老人修电视机的时候，一家一家去，我大概修了280多家。年纪大的人搞不懂，语音提示也不知道怎么弄，有什么事情他们就给居委会打电话，或者直接来居委会，让我们过去解决一下。有的老人呢，一是电话打不过来，二是机器不好。其实是语音提示方面的问题，于是我就跟着修有线电视的师傅学了一点技能，后来我发觉可以利用工作多接触一些群众。平时老人们有什么事情都愿意和我们讲知心话。

我们这个街道实际上是很大的。像我们这个引翔港居委，包括外来人口，大概有1.2万人。有6个小区业委会，所以，做过的人就深有体会了，像我在做居委干部的这10多年当中，几乎把家里都放下了，家里是有抱怨的。在那个时候，一听到救护车的声音，你就要下来，要知道哪一家出事了，或者听到消防车的声音，你就要下来了。

我觉得，我们现在的社会，老年人的幸福指数不是很高，尤其是独居老人，以前看上去很聪明、很伶俐的，独居以后，他们整天对着电视机，到后来，话都不会讲了，就是这种情况。所以说，要经常不断地关心、关爱老人，让他们能够有一个活动场所，现在条件改善了。原来，在老居委会这个地方，我们只有三间屋子，没有其他的场所。后来，和我们这边选举出的人民代表、杨浦区陈书记讲居委会扩建的事情时，地图测绘的负责人讲了："引翔港这个地方是断头路，但断头路也是路。"陈书记说："是呀，断头路要搞清楚一点：当时开发商是不是把这个地方给征用了，是哪个开发商，马上找，把这个事情定下来，这个地方只能改造，不能翻造，改造是可以的，另起炉灶不行。"效率很高，两个月就把房子建起来了。

我做居委干部有 10 多年，对我来讲，方方面面收获蛮大的。实际上，居委的功能，不是书面上能写尽的，真正做起来要复杂得多，过去有困难找民警，现在有困难找居委。什么事情都找居委，我们居委干部真的很累。大家有什么问题就来咨询我，因为我是他们当中学历最高的，是大专。

引翔港这个地方，根据我的了解，过去是很穷很穷的，这个地方历史悠久。过去这里都是以安徽籍为主的，生活条件很苦很苦的，他们是 80 年代以后被发现的，发现以后全部回搬了，所以，这里的工作好搞起来也好搞的，难搞起来也难搞的，什么道理呢？七大姑八大姨的，到现在七八十岁了，世世代代都生活在这片土地上。现在国家发展了，一点点在改变，到现在已经是翻天覆地的变化了。2005 年我过来的时候，这边还是比较荒凉的，经过这么多年的建设，设施上还是可以的。[1]

对引翔港当年脏乱记忆深刻的还有出生于 1948 年的 BL。BL 考上

[1] MZ 访谈记录。

高中一年后,"文化大革命"开始了。在插队落户和投亲靠友[1]之间,他最后决定回老家杭州萧山担任民办教师。1978年全国知青大返城,BL在上海内衣针织厂教育科当科长,2009年退休。

当时对引翔港这个地区有点印象。引翔港给我的印象是脏乱差,不通车子的,我来的时候,就是现在的22路公交车,在临青路那里就拐弯了。这个房子后面都是棚户区,草房、泥房、瓦房,乱七八糟。这里原来是条河,河不宽,也不深。河旁边都是泥、草丛。东面西面通两条路,一条通隆昌路,一条通黄兴路。引翔港原来是农村,有几十户本地人。我们当时读书的时候,上学要过这条河,河的北边有条路,这条路不是马路,也不是泥路,是石块路,老镇就有这种路。再北面就是一排民房,最高两楼,没有三楼的,房子都很矮。这个地方为什么有人口聚集呢?杨浦区在民国时期开发以后,很多外商办了很多工厂。这些职工没地方去,就在这里买了房子,这个地方就逐渐形成了街市。[2]

八、星期四居委干部下里弄劳动制度

KX于1953年就随家人搬到了长阳路附近,近70年他不仅看着长阳路的变迁,也看到小区的变化。他印象最深的就是大桥街道一直坚持下来的"星期四干部下里弄劳动制度"。

长阳路这个地方都是棚户区,老房子都是自己搭建的,我们住的是我父亲搭建的,搭起来以后就住着,然后从小在这附近上学念书。初中毕业以后家里有困难,我就没有上学,进了电车二厂,做售票员。后来公私合营,我就去了人事科。到了人事科以后我上了夜校,最后兜兜转

[1] 上海知识青年上山下乡的安置形式,主要分农村插队和农场安置两大类。农村插队分为分散插队、集体插队和投亲靠友三种形式。农场安置包括各地生产建设兵团和国营农场形式。

[2] BL访谈记录。

转回到汽车五厂。因为家里有困难，我向组织反映后，组织把我调到家附近长阳路的电车厂公交科当科长，一直做到退休。

居委会在我们大桥街道的领导下，工作搞得相当漂亮，第一个就是环境变化。每星期四，里弄干部做志愿者，去打扫卫生。有的人捡垃圾，把我们小区搞得干干净净的，我们大桥街道的干部、居委会的干部坚持星期四干部下里弄劳动。

过去，我们这个大楼里边有个死角，垃圾掉下来，臭得不得了，里弄干部跑进去把垃圾都清理了，现在没有了，非常干净。你看长阳路这个绿化好不好？马路像公园一样，我们这个小区也像公园一样，人家都在这里锻炼，在这里休息，老年人没事就在藤条下侃山海经。还有锻炼身体的器械，这个都是关心老百姓的体现，人家能够安心做好工作，这不简单了。[1]

解放初期的居委会工作内容也有搞环境卫生的，居委干部带头挥扫帚，这是宣传、动员和组织居民群众参与的行为，在居委干部的带动下，每家每户都会积极主动参加[2]。

干部参加劳动是中国共产党的一个老传统。1957年5月10日，中共中央下达《关于各级领导人参加体力劳动的指示》。4天后，新华社全文播发这份文件，着重指出："一切共产党员，不论职位高低，资格新老，都应当把自己放在同普通劳动者一样的、同等的地位；除了年龄太大、身体有病的以外，都应当准备将来参加能够胜任一部分体力劳动。"中共上海市委根据中央的指示精神，规定："每星期四为市区领导干部的无会议日，作为深入基层、联系群众的活动日。"[3]同年11月末，中共上海市委根据中央的指示精神，作出四项决定，其中两项就直接与领导干部参加劳动相关，决定要求"市委机关的处长以上和政府机关的

[1] KX访谈记录。
[2] 王邦佐等：《居委会与社区治理：城市社区居民委员会组织研究》，上海：上海人民出版社2003年版，第5页。
[3] 中共党史学会编：《中国共产党历史系列辞典》，北京：中共党史出版社、党建读物出版社2019年版。

局长以上领导人员，应该首先带头参加，以便同群众打成一片”，把领导干部参加体力劳动“变成一项经常化的制度”。按照中央的规定，这样的劳动“不领取任何报酬”，谓之义务劳动，自然也是顺理成章的。

1958年，毛泽东、刘少奇、周恩来、朱德以及邓小平等来到十三陵水库工地，和人民群众一起参加工地劳动。这极大地鼓舞了全国人民建设祖国的热情，也为领导干部参加劳动、联系群众作了榜样。1960年3月，中共中央转批《鞍山市委关于工业战线上的技术革新和技术革命运动开展情况的报告》，毛泽东代中央起草批示，强调要实行民主管理，实行干部参加劳动，工人参加管理，改革不合理的规章制度，工人群众、领导干部和技术人员三结合，即“两参一改三结合”的制度。干部参加劳动就是那个年代形成的一项制度。

在上海这座工业城市，干部星期四参加劳动已经形成一种风气。当时流行这样的口号：生产要上去，干部要下去。在一些退休老干部的记忆里，过去那个年代，每个星期四是不开会的，那天的工作安排就是下基层参加劳动。“上海成千上万条的弄堂有一个管理：每逢周四上午，居委会一摇铃铛，就将全弄堂的人喊出来，在里弄干部带领下，灭蚊蝇、除垃圾、扫公厕、冲水扫地，进行弄堂大扫除。通常在这天，区内的中小学生也会安排劳动课，参加义务清扫。这一次次依托于组织的整个社区秩序的演练，使弄堂内外环境焕然一新”[1]。作为城市生活一部分的大扫除，就如同路易斯·芒福德所讲的“露天剧场”，当人们走过路过，不用停下脚步就能看见它，感觉它，而不用带着目的性地进入某个空间去接近它[2]。

星期四干部参加劳动还有一个重要作用，就是能让干部真正了解群

---

[1] 朱晓明、祝东海：《勃艮第之城：上海老弄堂生活空间的历史图景》，北京：中国建筑工业出版社2012年版，第148页。

[2] 朱晓明、祝东海：《勃艮第之城：上海老弄堂生活空间的历史图景》，北京：中国建筑工业出版社2012年版，第148页。

众的需求和想法，解决实际问题。干部星期四劳动日作为一项制度安排，不仅能解决生产上的难题和矛盾，还能为工人群众的生活排忧解难。

九、听大桥人讲高郎桥过去的故事

ZH，1948年出生在曾属于高郎桥地区的平凉路渭南路。

渭南路东边全拆了，我们西边的一块叫新华里，这个名字很好，和新华社差不多。那个时候，我们为了买菜，半夜两点起来，拿块砖、拿个破篮去排队。我把这些事情和我们的孩子说，他们都不要听。孩子就说，你们怎么这么笨，为什么不到超市去。1960年，那个时候没有超市。超市是90年代后期才有的。

（一）一张用粮表

那个时候家家都有一个用粮计划。比如说我们家有八口人，全部粮票是197斤，我们家专门搞了张表格，那个时候买米是每个月26日，比如说7月26日买8月份的米。7月26日到8月25日这一个月是197斤的米，然后这30天内，比如说26日早饭多少米、中饭多少米、晚饭多少米，27日多少米，按道理天天是一样的。但没有这么简单，因为星期天我们要多吃一点，因为其他时间大家都在上班或者读书。有的时候是我母亲一个人上班，她要承担全家八口人的生活。所以我母亲在家时可能就会多做一点。全部搞好以后，我们家一个月还有多少余粮呢？八口人的机动粮食就是一斤半。这张1962年做的“用粮表”我保存下来了。这个事上海人都经历过，但是估计没有谁能拿得出这样的“用粮表”。

给我印象最深的，衣食住行，就是“食”。我那个时候才12岁，我们家有个大米缸。这个米缸大概可以装100斤米，那个时候到了26日就要排队去买米，有的时候买米是有讲究的。大米是有限制的，到了26日这一天，全家拿着装米的口袋去排队，买回来以后就放在这个缸里面。我的任务是什么呢？当时家里面有只小的搪瓷碗，一碗大概是半斤。比如说今天早饭是一斤米，那就只能舀两碗，舀的时候米也要弄得平平的，绝对不能手下留情多一点，多一点的话余粮就一点没有了。我12岁时就做这个事情。我在商业部门做会计，我最早什么时候学会使用算盘？就是在12岁的时候，我学会了打算盘。我读小学的时候学过，但是没有和自己的生计联系在一起。和生计联系在一起就是1960年，那个时候就要算，197斤，就打算盘，今天多少，明天多少，一顿多少，最后剩余下来多少。

说到粮票。那个时候，粮票是所有票证里的“票证之王”。我现在还有很多粮票，包括地方粮票（上海粮票）、全国粮票。

如果你家里面还有1960年的粮票，那这个就是粮票中的“粮票之王”。很简单，1960年的一斤粮票很可能救一条命。到1995年这个粮票就不值钱了，上海人就把这粮票拿去换塑料篮子或者换鸡蛋了，这时就不稀奇了。1960年的一斤粮票和1995年的一斤粮票不能同日而语。那个时候真的能救一条命。1960年，谁能够把粮票藏着，很有可能就是一家人改善了生活。所以粮票中间最珍贵的就是1960年的，其中最珍贵的1960年的全国粮票。

有的时候有人要出差，比如说要到河南去，拿着上海粮票人家不睬你的呀。这时候单位给你开一封介绍信，说明你到河南去多少天，假如是30天，你一个月的计划粮食是30斤，你把30斤上海粮票拿到粮管所，然后粮管所给你30斤的全国粮票，你可以凭全国粮票在河南出差使用。如果你有60年代的全国粮票，也是顶呱呱的。因为这个全国粮票，不仅可以在河南用，在其他地方也能用。

那个时候可以借钱，上海人叫“调头寸”，但是借粮借不到，帮忙借五斤粮？绝对没有的。那时候的粮，像我们学生，每月25斤，重体力劳动者可能是40斤。哪家有一个重体力劳动者不得了啊。一般的都是30斤、33斤，有这么一个区别。小学和中学不一样，你工作了可以把原来的25斤，换成30斤或者33斤，不能相差8斤的。我们那个时候吃饭，油也没有，小菜也没有。小菜是不凭票的，去得早的话可以买到，晚了就买不到。不像现在有24小时开着的超市。

我们那个时候买菜就是早上，没有中午、下午买菜的习惯。一般五点多、六点多就开卖了，八点多就结束了。该买的菜全部买好，如果你不去买的话就没有吃的。这个就是最基础的蔬菜，如果是买肉，是凭票的。所以那个时候的艰苦程度真的是难以想象的。

（二）在南京路买手表

2002年，《上海滩》杂志搞了个征文，主题是“我和百年南京路”。我用我母亲的名字写了一篇文章，获得了唯一的一个一等奖。当时的奖金是3 000元，在国际饭店颁的奖。

我说的是什么故事呢，就是从我母亲的角度写手表。我父亲是在南京路给我母亲买的手表，当时买的“英纳格”牌，75万元（人民币旧币，1万元相当于后来的1元），相当于人民币75元。那个时候表示新生活开始了，后来到了三年困难时期，手表被卖了。但是1950年买手表时的发票还在的。三年困难时期，手表被卖掉了，我们家就没有表。我们家住在老房子的三层，上海人叫“三层阁”。我们家就住那个地方，所有人上班看时间，只能听钟。我们前楼有一家有一个“三五牌”台钟，半小时敲一下，我印象真的深。十二点钟敲一下，十二点半敲一下，一点钟敲一下，一点半敲一下。我母亲那个时候上班，天还没亮就听到敲了一下，又不能问几点了，人家都在睡觉，然后就等，又敲一下，又敲一下。

我那个时候12岁，我看着我母亲躺在床上不敢睡。因为她四点要上班，如果这个时候是两点半呢？怎么办呢，不能睡过头了，上班是不能迟到的呀。所以我们家看时间就是听下面的钟声，我们家八口人是没有钟的。

当时电视台财经节目主持人白冰朗读这篇文章时，下面都在哭，哭声一片。后来到了70年代，凭票买手表，也是在南京路，这个手表票也还在。到了2000年，我母亲80岁的时候，再去南京路买手表。

1950年，为表示庆祝解放，买了手表。到1970年凭票的时候，家里面总算有表，一直到80年代，那个时候表就不稀奇了，每个人手上都有表。我母亲80岁的时候，我们的小辈说买个什么东西纪念一下，我母亲说还是买块表吧。

（三）数十年前月饼屑，屑屑粒粒记心头

好几年前，每年过中秋，家中的月饼像被人冷落的怨妇一样丢在一旁，无人搭理。尽管月饼的价格不菲，为了迎合市场的需求，月饼的花头越来越多，包装越来越花哨，各种馅的月饼让人眼花缭乱，但吃到嘴里，总觉得味道大同小异。月饼已经成了“鸡肋”，年轻人不爱吃，老年人怕“三高”，不敢吃。但是，毕竟是中国人的传统佳节，人情往来送点月饼，是再平常不过的事情了。

说到吃月饼，40多年前吃月饼屑的经历倒是让我终生难忘。那年，我在一家食品店当会计。我们商店也经销月饼，月饼分广式、苏式、潮式等品种，广式最有销路，而营业员最喜欢卖苏式，原因就在于苏式月饼有一层皮（也就是平常所说的屑屑头），用食品钳几个来回一折腾，苏式月饼已经瘦身不少，“卖相”自然也难看多了。即便如此，也不用担心没有销路，计划经济时代，什么都凭票证，而且有了票证也不一定保证能买到自己中意的商品。退一步说，实在无人问津的话，也可向食品厂退货或调换。月饼屑在今天肯定是被人不“屑”一顾的，可在那时候却是宝贝啊！营业员将收集下来的月饼屑全部装入食品纸袋，几天下来就有满满一袋。通常由店经理分配，作为福利轮流分给大家，收到的

人象征性地付一角钱，也不要粮票，于是个个皆大欢喜。

有次轮到我了，店经理将一只纸袋递到我手中，意味深长地说："好好过一个中秋吧。"我急匆匆赶回家，还没跨进大门就嚷开了："姆妈，妹妹，弟弟，快，吃月饼了！"说来不怕笑话，长这么大我还没有吃过月饼。事实上由于家境贫困，在我们的脑海里从来没有中秋这个概念。由于资源匮乏，那时的食品店，冷冷清清，即使有月饼，数量也不多。买不起月饼，就自己做月饼。在母亲的带领下，先用面粉发酵，然后和上糖精片融化的水，就算馅料，然后放在平底锅上烙，这样前后几个来回，就成了"月饼"。当然，与其说是月饼，不如说是"三不像"（不像月饼，不像馒头，不像大饼），即使是"三不像"，也受到大家的欢迎，觉得是很好的月饼了。吃着"三不像"，还在念叨，不知道百果月饼究竟有多好吃。我的思绪被拉了回来，母亲拿出三只碗，给我们做了平均分配，我到厨房拿了另一只碗，母亲只按三份分配，她解释说："妈妈胃不好，不能吃。"我和妹妹、弟弟用筷子一小片一小片地往嘴里送，我们把碗放在嘴巴下面，防止"月饼"的"屑"掉下，我们慢慢地嚼，细细地品，一次又一次地回味。

忽然弟弟欢呼起来，原来他找到小半只月饼，连里面的馅也看得清清楚楚，我想起了店经理意味深长的话，原来那是他的特殊关照。我们都羡慕弟弟的运气，看着他将真正的月饼往嘴里送。突然他戛然而止，拿在手上不动了，说："姐姐，给你，"他是孔融让梨，"姐姐，再有半个月，你就要到安徽插队落户去了。"空气一下子凝固了起来，我们五个子女中，有四个男孩，父亲在世时最宝贝妹妹。我上面的两个哥哥已经先后去了外地，作为70届的妹妹，虚岁18岁还未满，就要远走他乡，母亲是纺织厂的党员干部，纵然千般不愿，也只能万般无奈。"哇"的一声，妹妹的哭声打破了死一样的寂静。在母亲的示意下，妹妹颤抖着夹起了月饼，她让母亲、我和弟弟都咬上一口，一个圈子兜下来，半大的月饼仍然那么大。我发现泪水早就将月饼屑浸湿了，我将剩下的月饼一口吞了下去，仿佛将人间美味也吞了下去。以后我吃过的月饼无法计数，但总觉得没有月饼屑好吃。

（四）一只老南瓜的故事

上海电视台有一次搞了个节目，当时去录像的有我、我弟弟、我哥哥，还有我母亲，就说了一个故事，就是一只老南瓜的故事。

那个时候就只有我母亲上班去了，去之前买了只大南瓜，对我奶奶说，这只南瓜要分两顿吃的。当时我们家的劳动力就只有我母亲一个，其他人都是“消费者”，我12岁，我们家兄妹几人都相差两岁，我最大的哥哥那个时候18岁，他比我大6岁，都还没有工作。我母亲去上班了，就对我奶奶说，这只南瓜要分两顿吃。结果回来一看，南瓜全部吃完了。我母亲就说了，怎么把南瓜全部吃完了？吃完了明天怎么办？我奶奶说，孩子要吃呀。

说来可怜，家中三顿“饭”，不是薄粥，就是面糊，好点的是面疙瘩，或是老卷心菜皮烧的菜饭。对于一人一月才二两油、几两猪肉的我，早就练就一顿吃两大碗的本领。那年头，我的肚子里除了这些，其他还有豆腐渣、南瓜、野菜，我们曾经到川沙去挖过野菜。我经常嚷饿，于是我和大弟（1967年不幸死亡）轮流分得刮“饭糍”的待遇。一顿“饭”下来，总有没盛干净的地方，我常常有滋有味品尝这最后的美味，真恨不得舌头长得长点将锅舔干净，母亲说这锅都不用洗了，说完眼圈就红了。

母亲知道我饭量大，隔几天带一只淡馒头偷偷塞给我。一次，我发现弟弟手中的馒头比我大，吵着要换，母亲劝阻也没用。大哥在旁说：“三弟，不要再闹了，妈妈一个月在厂里只买4斤饭票，还要带馒头回来……”哥哥哽噎着说不下去，我一愣，突然号啕大哭起来，为我的无知，为我的混账。母亲把我紧紧抱在怀里，说：“总有一天，妈妈会让你好好地吃上三大碗大米饭。”我哭得更厉害了，就是这一天，我懂得了什么是母爱，懂得了粮票是我们家的命根子，从这天起，我发觉自己长大不少。后来我还知道，身为纺织厂中层干部的母亲，响应毛主席号召，主动捐粮票、布票、油票给国家，还主动减去1%的工资。

一晃已经58年过去了。想起这段往事，禁不住泪水涟涟，感慨万千：没有粮食的日子太可怕了。

（五）一张红木方桌

在我的记忆中，我们家曾经有过一张红木方桌。我家原先蛮殷实的。母亲和父亲结婚以后，一共生了6个孩子。父母两人的收入加起来有200多元，这在20世纪50年代中期绝对属于高工资。1958年，父亲在运动中被硬加上莫须有的罪名，37岁就离开了人世。两年以后，国家进入三年困难时期，生活资源极度贫乏，我们家也陷入困难之中。

然而尽管贫穷，一家老小依然其乐融融。每当夜幕降临，家中25瓦电灯就亮了起来，在灯光下围绕在红木方桌边上，成了全家人最幸福的时刻。我们兄妹先是做功课，然后说说学校的趣闻轶事，讲讲国内外大事。接着，大哥、二哥在桌子的一边玩起了游戏棒，游戏棒是用竹片劈细做成的；我和大弟则在方桌上摆开战场，小心翼翼地拿出纸折的青蛙，进行斗田鸡比赛。我们鼓起腮帮，用力地吹着，笑声、叫声不绝于耳。母亲则拿出针线包给我们缝补衣服。最淘气的是6岁的妹妹和4岁的弟弟，两个小不点和桌子差不多高，在桌底下钻来钻去嬉闹……红木方桌是祖传的，也许因为上了年岁，它早已失去了原有的光泽，榫头也完全松了，几乎到了摇摇欲坠的地步。由于红木十分坚硬，无法用钉子加固，只能用木板撑住。母亲一再叮嘱，于是我们在桌上玩游戏也都变得小心翼翼，生怕碰翻了祖传的宝贝。

到了“文化大革命”时，哥哥和妹妹、弟弟先后到外地务农去了，家中只剩下母亲和我两人。吃饭时，方桌空荡荡的。一天，邻居的孩子来我家玩，不小心将支撑方桌的木板碰倒，“轰隆”一声，那张红木方桌倒塌了！

没有桌子，不像一个家啊。买一张新桌子是不可能的，因为当时买什么都要凭票，再说家里也拿不出这笔钱。唯一的办法只有先将这张红木方桌卖掉，再去买一张旧方桌。那是1976年7月27日，我请单位的同事帮忙，用黄鱼车将红木方桌送到海门路上的国营利群日用品调剂商店。其实离我家不远处就有一家"立新风"调剂商店，之所以舍近求远，"利群"寄售的价格要高些。当我和同事将红木方桌搬到车上的时候，母亲叹了口气，对我说："老祖宗留下的东西都卖完了！"是啊，为了维持生活，我们只能将家中值钱的东西陆续变卖光了。

到了"利群"，正要将红木方桌搬下去，从店里走出来一个戴着老花眼镜的师傅，说道："别搬，估价后再说。""老花眼镜"前后一打量，开价道："10元。""10元？太低了吧！"我说这是老红木的，是祖上传下来的。"老花眼镜"说："红木有啥稀奇？前几年抄家，一卡车一卡车红木家什送过来，都是三钿不值两钿，现在能卖到10元钱就已经很不错了。嫌价钱低，那就另请高就。价钿吊了高，没人买，到时候还是要你过来再降价，或者再车回去。"

我很纠结，因为在这之前有人到我家来过，愿出12元买下红木方桌。可是，那时不敢私下买卖啊。我无奈地对"老花眼镜"说："就10元吧！"我将工作证递给了"老花眼镜"，"老花眼镜"将写好后的单据交给我，红木方桌成了"坏方台"，价格10元。我离开的时候，只见"老花眼镜"用粉笔在红木方桌上写了个大大的"10元"字样。

仅仅过了两天，就收到"利群"寄来的通知，说是红木方桌已经售出，可以凭"红色收据"来店里取钱。我实际到手9.3元，还有0.7元是服务费（也有叫佣金的）。拿了钱，我马上赶到"立新风"，因为那里有张杂木方桌，家里没有桌子太不方便了。最后再贴了5.7元，将那张杂木方桌搬回了家里。

我至今保留着当年将红木方桌卖到"利群"的发票。40多年过去了，那张红木方桌也不知被谁买去，后来又派了什么用场。我也特地去过海门路，“利群”也早已无影无踪了。[1]

1951 年，上海新闻日报馆出版过一本《街道里弄居民生活手册》，开篇即提出我们的工作“必须一切从居民利益出发，必须起发群众的觉悟，使大家认识到组织便是力量”。进而对弄堂防疫、防火，开展体育活动、新婚教育等进行分门别类的阐述，是早期上海里弄日常管理的导读文献[2]。20 世纪 90 年代以来，杨浦区境内工厂停产、工人下岗，高郎桥地区的街道参与低收入帮困、救济、职业介绍等工作，依然是一项长期的日常主要工作。宁国路街道撤销后，这一工作由大桥街道接替。

1995—2000 年的 6 年间，大桥街道低收入家庭的户数是 1995 年的 20 倍。2003 年，大桥街道计有失业 2 588 人、持证残疾人 1 614 人、大病医助 436 人、特困老人 92 人。值得注意的是 2000 年后，街道的救助金逐年递增。由于该街道居民主体长期处于中低收入层，日常消费市场的价格波动，势必导致一部分居民家庭生活不同程度陷入困境[3]。

90 年代以来，杨浦区的旧改历经“365”危棚简屋改造、以改造老房老区为重点的新一轮旧区改造、“十一五”旧区改造、征收新政实施四个阶段。2018 年，李强书记调研旧区改造工作时强调：要充分认识旧区改造的紧迫性和重要性，千方百计改善旧区内群众的居住条件，加快推进旧区改造各项工作，不断增强市民群众的获得感、幸福感、安全感。“人民城市人民建，人民城市为人民”的重要理念，始终贯穿在杨浦区旧改推进的每一个细节里，杨浦区的旧改成为杨浦践行“人民城市”重要理念最生动的实践。“旧改”，常被称为“天下第一难”。作为上海最大的中心城区，杨浦区提前一年完成了成片二级旧里以下房屋改

[1] ZH 访谈记录及其发表的相关文章。

[2] 新闻日报馆编印：《街道里弄居民生活手册》，上海：新闻日报馆 1951 年版，第 17 页。

[3] 孙丕鼎主编：《杨浦年鉴（1991—1994）》，上海：上海人民出版社 1995 年版，第 73 页；孙丕鼎主编：《杨浦年鉴（1995—1996）》，上海：上海人民出版社 1997 年版，第 53 页；孙丕鼎主编：《杨浦年鉴（1997—1998）》，上海：上海人民出版社 1999 年版，第 135 页；孙丕鼎主编：《杨浦年鉴（1998—1999）》，上海：上海人民出版社 2000 年版，第 251 页。

造任务，打造了“阳光征收”的“杨浦样本”。旧区，也是城市更新的重要一环，关系着城市的可持续发展，更关系着人民群众如何在城市生活得更舒心、更美好。在增强市民获得感、幸福感和安全感的同时，为人民保留城市记忆，守护历史文脉。

MP 居住的永安里，原是一片二级旧里，居民居住空间狭小，一道门中有前后客堂、前后楼、亭子间、晒台、三层阁，总共 50 平方米不到，居住有五六户人家。没有煤卫设施，用一块木板相隔，一人打鼾，前后左右几家能听到；孩子犯了错，父母一声呵斥，一条弄堂，全民皆知。弄堂里，房子一排挨着一排，光照时间极短。家里来了个客人，碰到三急，就算奔到最近的公厕，也得过一条横马路。老房子的居民都在想：哪天我们也能有独立的生活空间，想洗澡就洗澡，想如厕就如厕，就这点念想呀，就是老百姓的大目标了！

因为上海实行“阳光动迁”政策，分到了三室一厅的 XJ，一家的住房条件得到改善。90 多岁的婆婆住朝南的大房间，不用再去爬又窄又陡的楼梯，她经常说：“靠党的好领导，我们过上了好日子。”

让阳光照进终年遮蔽的窗口，让期盼告别“拎马桶”日子的旧里居民住上敞亮的新家，让被时光遗忘的“沉默少数”获得更美好、更体面的生活，这是杨浦区委、区政府曾对人民群众许下的庄严承诺。2021 年年底，随着杨浦成片二级以下旧里改造全面完成，大桥街道居民也实现从“住有所居”到“住有宜居”[1]。

经过几轮的旧房改造，如今的大桥街道，可以说已经取得了翻天覆地的变化。但随着弄堂建筑消失与原住民流失，街坊邻居守望相助的生活习惯、生活方式，也渐渐成为老上海人的记忆。

[1] 《杨浦旧改：从“住有所居”到“住有宜居”》，北青网。

第四章

想象的共同体：建筑可阅读、街区可漫步、城市有温度

第一节　附近的重建：城市更新中的杨浦叙事

城市更新中的大桥街道居民，用经历叙述着想象的共同体；城市更新中的杨浦滨江，用建筑叙述着共同体的想象。20 世纪 80 年代，建筑学家冯纪忠先生敏锐捕捉到旧区改建问题的重要性和迫切性，1981—1986 年连续六年以上海旧区改造为题，指导了 7 份改造目标侧重点不同的毕业设计。他树立了一个十分重要的观点：旧区改造，说是建筑也是，说是规划也好，这是两个专业摆到一块才能做得好的东西。他强调要在延续风貌特色和环境改善的前提下，保留并改造、拆除并新建部分房屋共同协作，形成拥有完善户外隙地、步行网络、绿化系统的街廓格局[1]。冯先生对旧式里弄的改造充满忧虑，同时一再强调"弄堂有意思""完全能改造得好"。

罗西在对阿尔布瓦什《集体的记忆》的分析中说："城市本身就是市民们的集体记忆，而且城市和记忆一样，与物体和场所相关联。城市是集体记忆的场所。这种场所和市民之间的关系于是成为城市中建筑和环境的主导形象……伟大的思想从城市历史中涌现出来，并且塑造了城市的形式。"[2]"地方"对于社区和本土情感来说，是重要的容器和促进因素，由社会活动和集体记忆塑造，反之，记忆和活动的组织有赖于"地方"。集体记忆根植于"地方"，既是空间的，也是时间的；既

[1] 朱晓明、祝东海：《勃艮第之城：上海老弄堂生活空间的历史图景》，北京：中国建筑工业出版社 2012 年版，第 167 页。

[2] 罗西：《城市建筑学》，黄士钧译，北京：中国建筑工业出版社 2006 年版，第 56—70 页。

有历时性，也有共时性。集体记忆在空间的框架中展开，分布于城市的每个地方。“地方”是人们进行交往与活动的主要场所，被赋予了意义、价值、感知、激情、记忆和欲望，建构地方归属感的场景，可以是多元化的新历史形象，比如休闲的社区设施、公共艺术品等。在塞托看来：“一个地点就是一种关于位置的瞬时地形，它暗含着某种关于稳定性的暗示。……在某种程度上，空间是被在空间里发生的活动的整体所激活的。空间就是一个被实践的地点。因此，在几何学意义上被城市规划定义了的街道，被行人们转变成了空间。同样地，阅读，就是地点实践所产生的空间，而这一地点是由一个符号系统——一部作品所构成的。”[1]21 世纪，文化日益成为城市的核心竞争力之一。从某种程度上说，每个城市都拥有属于自己的“个性”，一个城市的灵魂是通过其文化遗产、传统和社会结构来展示的。缺少“灵魂”的城市表现为有意识或无意识地意欲抹杀记忆，并摧毁“场所精神”[2]。

杨浦滨江曾是近代工业发祥地，“南厂北居”的杨树浦路，曾聚集了区域内 85% 的旧里房屋。5.5 公里的杨浦滨江南段是中国近代工业文明的重要发源地，曾是机器轰鸣、装卸繁忙的国企集聚地；如今，这里是孩子们踩着滑板车玩耍的游乐园，也是一些新经济头部企业的集聚地。这里已从昔日的“工业锈带”变成了如今的“生活秀带”。杨浦滨江最大亮点与最独特优势，就是工业遗存。杨浦滨江的工业遗存既是一个公共空间，又参与塑造着杨浦滨江这个更广大的公共空间。这些有着历史感的建筑，是历史文脉的承载者，是城市记忆的见证者，与特定的文化记忆相联系，和居民形成一种密切交织的叙事过程。居民在其间的参观活动，作为某种集体文化的回忆，在汲取认同资源的同时，也在进

---

[1] 塞托：《日常生活实践·实践的艺术》，方琳琳、黄春柳译，南京：南京大学出版社 2009 年版，第 200 页。

[2] 联合国人居署编著：《和谐城市：世界城市状况报告 2008/2009》北京：中国建筑工业出版社 2008 年版，第 194 页。

行着个体意义的投射。这样，杨浦滨江实际上形成了一个开放的、不间断的叙事文本。也就是说，当居民漫步在滨江沿线时，杨浦滨江不仅是历史、文化展示的场所，不仅是社会交往和意义建构的平台，而且它本身就是被建构的叙事，并通过其展示的空间和意义，参与到特定的共同体共享意义和空间的建构过程中。

从“锈”到“秀”，城市更新让这里逐渐从以工厂仓库为主的生产岸线，转型为以公园绿地为主的生活岸线、生态岸线、景观岸线。这里有独特的历史底蕴和工匠精神，可以讲好百年工业遗存的故事，也即一个群体在情感和认同基础上的历史叙事，让来到这里的人都能与这个空间对话，产生共鸣。这是杨浦的追求，也是大桥街道的追求。在这里，不论是共同体的想象还是想象的共同体，都获得了物化的展现。

我们已经认识到了杨浦滨江的改造对于文化认同的重要性，那么从“锈带”到“秀带”的工业遗存是如何建立起地方认同的呢？杨浦滨江的叙事，主要是从滨江、滨水空间、杨树浦电厂遗迹公园、绿之丘共享立体公园这些工业遗存的改造和展现来展开的。我们试着探讨以下问题：其一，杨浦滨江从“锈带”到“秀带”的叙事如何构成？其二，这一叙事如何建构城市认同？其三，滨江参观者如何参与秀带叙事并如何作用于城市认同？以及杨浦滨江如何物化为一个意义体系，从而使城市居民获得多样体验性？

2014 年年底，黄浦江两岸 45 公里公共空间三年行动计划启动，杨浦滨江滨水空间的复兴就在这样的背景下进入实践范畴。黄浦江岸线东段的杨浦滨江，拥有 5.5 公里上海浦西中心城区最长岸线，在城市经济和社会生活中占有举足轻重的地位。这里的工业遗存规模宏大、分布集中，不少曾是中国工业史上的代表性建筑：比如怡和纱厂锯齿屋顶的纺车间（1911 年），是中国最早的钢筋混凝土结构的厂房；江边电站 1 号锅炉间（1913 年），是中国最早的钢结构多层厂房；慎昌洋行杨树浦工场（1921 年），是近代中国最长的钢结构船坞式厂房。

强调历史文脉的传承、历史格局的延续、工业遗存的保留，让人们记得住城市历史，是杨浦滨江改造的基调。在一次次调研摸底之后，66幢工业遗存被一一保留下来，总面积超过26万平方米。同济大学建筑与城市规划学院建筑系章明是杨浦滨江岸线南段总设计师，他用“锚固”与“游离”的理念对杨浦滨江岸线进行空间改造。“锚固”，就是想方设法把一些原本属于这个空间的东西固定下来，留住城市历史文化记忆的根和魂；“游离”，则是从设计细节出发对旧工业场地加以重新观照，呼应现实生活。

建筑团队的规划主旨是“人民城市”理念指导下的“还江于民”，在具体操作时落实到“营造一个生态性、生活化、智慧型的杨浦滨江公共空间”，实现工业遗存的“再利用”，原生景观的“重修复”，城市生活的“新整合”。如果说滨水空间“还江于民”的叙事提供了整个叙事的框架，那么具体的叙事内容则来自“三带和弦，九章共谱”[1]。

“三带”指5.5公里连续不间断的工业遗存博览带，漫步道、慢跑道和骑行道并行的健康活力带，以及原生景观体验带。“九章”指挖掘原有历史特色，结合上海船厂、上海杨树浦自来水厂、上海第一毛条厂、上海烟草厂、上海电站辅机专业设计制造厂、上海杨树浦煤气厂、上海杨树浦发电厂、上海十七棉纺织厂等自身的空间与景观条件，形成各具特色的公共空间。以电站辅机厂两座极具历史价值的厂房为核心，改建更新为工业博物馆，将大桥下的空旷场地改造为工业主题公园。把曾是远东最大的火力发电厂的杨树浦电厂滨江段改造为杨树浦电厂遗址公园，并保留码头上的塔吊、灰罐、输煤栈桥以及防汛墙后的水泵深坑，植入塔吊吧、净水池咖啡厅、灰仓艺术空间等功能。在滨江实践中，建筑团队延续着“向史而新”的建筑史观点，将历史看作一个“流程”，一个连续且不断叠加的过程。这也是将空间的展示转化为时间的序列，

[1] 章明、张姿、张洁等：《涤岸之兴——上海杨浦滨江南段滨水公共空间的复兴》，《建筑学报》2019年第8期。

形成了连贯的叙事。新介入的元素既保持对既有环境的尊重，有限度地介入现存空间中，又以一种清晰可辨的方式避免和既有环境附着与粘连。建筑的目的既在于包含过去，又在于将这些过去转向未来。这种叙事策略呈现着作为城市认同的集体记忆[1]。

一、杨树浦电厂遗迹公园

杨树浦电厂始建于1911年，1923年时成了远东最大的火力发电厂，有着“中国电力工业摇篮”的美誉。杨树浦电厂作为“红色电厂”，曾涌现出工人运动领袖王孝和烈士等革命先烈。电厂105米的老烟囱在几公里外都清晰可见，曾被视为进入上海的标志，留在几代上海人的记忆里。杨树浦发电厂虽然在上海的城市发展中扮演着重要的角色，但随着整个黄浦江公共空间工程计划的启动，2015年电厂终于还是关停了，并开始实施生态和艺术改造。从封闭的“闲人免入”生产岸线，到向文化和生态共享的生活性滨水开放空间转型，“还江于民”，能修复燃煤造成的生态污染。

“杨树浦电厂遗迹公园的设计实践不同于以往仅仅对物质个体的存留予以重视的保护方式，而是以城市文化地景再生为目标，将电厂滨水岸线转型为城市公共空间的过程视为一个动态系统，重视工业文化、工艺流程、工业景观的整体保护，关注工业遗存活化再生的全过程。”同济大学章明教授团队对电厂段的工业遗址的整饬始于两个锚点：一方面，公共空间的营造在理解原先工艺流程的基础上展开：江岸上的鹤嘴吊、输煤栈桥、传送带、清水池、湿灰储灰罐、干灰储灰罐等作业设施有着特殊的空间体量和形式，这些场地遗存为团队提供了塑造场所精神

[1]　章明、张姿、张洁等：《涤岸之兴——上海杨浦滨江南段滨水公共空间的复兴》，《建筑学报》2019年第8期。

的出发点。另一方面，采用有限介入、低冲击开发的策略，在尊重原有厂区空间基础和原生形态的基础上进行生态修复改造。保留了原本的地貌状态，形成可以汇集雨水的低洼湿地。植物配植以原生草本植物和耐水乔木池杉为主，同时配以轻介入的钢结构景观构筑物，形成别具原生野趣和工业特色的景观环境。不同时期的人工痕迹被无差别地并置，表达了对不同历史的尊重；迥异的微气候被识别出来，运用有限介入、低冲击手段加以维护和修复。电厂段搭建了一个对话的平台，探讨“滨水空间为人类带来美好生活”这一世界性话题。

经历了五年的陪伴式设计，“杨树浦电厂遗迹公园”成为杨浦滨江最具工业特质的一段，既保留了原有场地肌理，又通过技术探索和创新对 7 处重要工业遗存进行了独具特色的改造，实现了工业遗存的保留再利用[1]。

二、绿之丘——从仓库到共享立体公园

“绿之丘”原本是上海烟草公司机修仓库，是一座建于 1996 年的 6 层钢筋混凝土厂房，是一个不折不扣的现代建筑“技术体”。它不是历史建筑，还压在规划道路红线上，由于规划道路安浦路要从此横切过，该建筑面临被拆除的可能。在拆与不拆的矛盾中，设计师团队通过巧妙设计，利用建筑一层层高 7 米、柱跨净距超过 4 米的条件，使得道路下穿成为可能，为 30 米高、40 米宽、近 100 米长的方正墩实建筑在完全拆除和完整保留之外寻得了一条新的出路。既保留了该建筑，又突破了用地权属的单一，实现了使用权的垂直划分。在改造的过程中，将底层空间架空、上部减荷载、中间掏出一个天井，并设置了双螺旋的景观盘

[1] 章明等:《工业文化地景的叠合再生——以上海杨树浦电厂遗迹公园为例》,《当代建筑》2021 年第 4 期。

梯，连接五层各自向南北两头悬挑、伸出 8 米的环形游廊；同时面向水岸和城市的正反两面通过削切形成层层跌落的景观平台，形成了连贯的立体花园，打破了以往水岸与城市相疏离、“临江不见江”的状态。“绿之丘”利用原有建筑的结构部分，增加钢结构楼梯和必要的设备设施，采用智能化管理手段，再造了一座全新的建筑，实现工业建筑向绿色生态建筑的完美转变。

“绿之丘——杨浦滨江原烟草公司机修仓库改造项目”获得亚洲建筑师协会建筑奖荣誉提名奖。亚洲建筑师协会是由亚洲最具代表性和最有权威的国家或地区的建筑师学会组成的亚洲建筑师组织，于 1979 年在印度尼西亚雅加达成立，目前拥有 21 个建筑师团体。协会下设的亚洲建筑师协会建筑奖（ARCASIA Awards for Architecture）是亚洲地区建筑界最高建筑设计大奖，旨在推出亚洲地区的优秀建筑作品，鼓励传承亚洲精神，推动亚洲建筑环境的提升。

评委们一致认为，此项目最大程度地优化了滨河空间，还江于民，将既有建筑改造成拥有复合功能的城市综合体，为市民提供了社会空间与绿地，是一个向所有人开放的城市花园。

“绿之丘”是杨浦滨江复兴中既有工业建筑转型的一个特殊案例：基于“丘陵城市”概念，通过权衡原烟草仓库建筑拆留利弊、尝试土地复合使用以及协调滨江开放空间与城市腹地的关联，实现了集市政交通、公园绿地、公共服务于一身的包容复合的城市综合体。结合投资建设的整体经济水平进行了有益的探索，将各种节能减排技术、生态化技术、智能化管理控制技术进行集成，实现工业建筑向绿色生态建筑的完美转变，具有一定示范作用，为带动上海乃至全国的既有建筑绿色改造项目的发展提供很好的借鉴。

2020 年 9 月，杨浦区以“生活秀带”为主题入围首批国家文物保护利用示范区创建名单，力争探索出可复制可推广的工业遗产保护利用新模式，促进城市更新改造，推动老工业城市转型发展。

2021 年 3 月，国家文物局审核同意《上海杨浦生活秀带国家文物保护利用示范区建设实施方案（2021—2023 年）》，标志着上海杨浦生活秀带国家文物保护利用示范区创建工作的正式启动。

采用“修旧如旧”与城市微更新相结合的方式，妥善处理工业遗产保护与市政建设、旧城改造、生态涵养等的关系，加快甄别和抢救濒危工业遗产，保留传承工业文明特色元素和文化基因。在杨浦滨江南段公共空间贯通过程中，确定了 5.5 公里连续不间断的工业遗存博览带概念，纺织厂的廊架、钢质的拴船桩等众多历史元素被保留或改造，成为公共空间的景观或配套服务设施，杨树浦水厂、杨树浦发电厂等文物保护单位及其工业设施设备、工艺流程得到保护展示。祥泰木行原墙体通过钢结构加固改造，融合木材堆场肌理，突出木文化展示功能。烟草机修仓库通过垂直划分道路与公共服务设施用地，打通城市与滨江的阻隔，使老建筑得以抢救保留。

居住在大桥街道的居民，和来到杨浦滨江的居民，当他们作为主体漫步于江边时，他们的叙事就加入到杨浦滨江的叙事中。居住在周边的不少老工人热切地关注着，忍不住忆当年、说典故、提建议。滨江景观带贯通开放，他们便是忠实的观光客，也是自豪的主人翁。驻足闲聊，他们会争相说起滨江岸线的改造转型带给他们的获得感。

谈起与杨浦滨江岸线的重新相遇，20 世纪 90 年代末从原上海第一毛条厂转岗社区居委会工作的董德娥印象深刻：“岸线开放第一天，我就特意跑来了，和以前又脏又乱的样子完全不同，像‘雨水花园’那里，绿化做得像自然长的野草，钢桥板上镂空刻着我们毛条厂的历史，那样熟悉，那么亲切……”[1]

行走滨江，这样的群众参与在一丝不苟的细节设计里体现：为连接不同的码头，让人在行走中可以直观看到黄浦江水的潮涨潮落，滨江岸

---

[1] 《上海杨浦滨江：上百年的工业重镇一度沉寂，如今成“打卡”胜地》，《人民日报》2020 年 5 月 29 日。

线不少路面都铺设了钢格栅。这小小的格栅曾引发不少讨论：格栅做得宽，行走时会卡住鞋跟；做密了，又达不到亲水效果。多大才合适？团队人员穿上高跟鞋反复测试，行走体验。“雨水花园”景观建好后，有群众反映座椅前的格栅孔隙太大，容易造成手机掉落。管理团队连夜整改，在格栅下安装了一层孔隙更密的铁网。

正如杨浦区委书记谢坚钢所说：“在杨浦滨江的建设、改造中，管理者、建设者、普通群众置身同一话语层面，享有同等的表达意见的权利。我们始终从群众的切身感受出发，聚焦群众需求，坚持以人民为中心。”[1]

杨浦滨江沿岸记录着城市人文、工业遗产遗迹、保留空间，并赋予其新的功能，从而不断拓展文化生活新空间，探索具有大桥特点的工业遗产转化利用之路。大桥街道是一个因工业、工厂、宿舍区慢慢营造出来的社区。随着部分地理空间共同体的消失，一种新的共同体正在形成。

2019 年 3 月，杨浦滨江南段被选定为上海城市空间艺术季的主办场地，开幕式以艺术植入空间的方式触发“相遇”这个主题，搭建一个探讨“滨水空间为人来带来美好生活”的世界性对话平台。杨浦滨江公共空间成为最大的一件公共艺术品。

如今杨浦滨江沿岸的废旧厂房正在被重新改建，并融历史于建筑，让居民在共享公共空间的同时阅读这一座座拥有百年记忆的建筑。通过建筑保护、场景设计、公共艺术等旨在保存和创造公共历史的项目是“记忆”的守护者、城市认同的激发者。这是一个双向的过程，既是通过对往日的理解而重塑城市，也是通过自身的诠释以重新设计往日。前者通过时间重塑空间，后者既是地方空间又包含历史空间，保留历史并再现特殊的文化符号。工厂的产生与现代城市的形成并不意味着城市历

[1] 《杨浦，飞扬着大青春与大梦想》，《新民周刊》2021 年第 40 期。

史的终止，人们反而获得了重塑城市、创造历史的能力。

杨浦区一方面持续加大零星二级旧里以下房屋改造力度，积极探索研究零星二级以下旧里房屋改造机制和方案，加快推进零星地块项目启动；另一方面，对于2000年前建造的、2009年以后未实施过综合修缮的住宅小区，目前已完成"美丽家园"建设506万平方米。对于剩余的765万平方米，将加力提速。做法上更加注重"量身定做"，由规模化实施向精细化转变，聚焦群众关切的停车、安全、适老化改造等问题，精心规划设计方案，结合成套改造、多层住宅加装电梯等民生专项工作实施联动，放大乘数效应。更加注重"共治共享"，在改造前问需于民、改造中问计于民、改造后问效于民，让居民参与"美丽家园"建设全过程，通过小区硬件改造提升，促进物业服务软件提升，激发"叠加效应"。

从2018年起，大桥街道开展"美丽家园"建设三年行动计划，计划完成8+2个小区的改造工作，其中8个小区由街道主导，另外2个小区由房管局主导。三年计划的第一年，街道首先针对急需改善、居民配合度高，且改变程度比较大的小区展开，最典型的就是老旧小区改造前后的变化比较大。

如大桥街道中王小区原是国棉三十一厂的职工住房，位于周家嘴路，由港务局建成，共计房屋408户。社区采用议事会的方式，将居民的心愿、诉求融入到改造当中，通过议事，提高居民自主参与社区事务的积极性，同时也密切了居民之间的邻里关系，真正做到了"我的小院我做主"，不断提升居民主人翁意识。首先走访入户收集居民急盼诉求，老旧小区的改造还得听居民的，自己的小院自己说了才算，所以改造项目必须以居民的意见为主。

意见收集之后，社区两委班子根据收集的诉求事项，召集相关单位明确前期调研摸底情况，制定相关解决方案；每月定期召开民主协商议事会，召集相关单位、议事会成员、街道和居委会共同将议题和方案进行讨论研究，通过民主表决确定最终实施方案；议事会达成的方案及事项，社区联合业委会、物业、派出所等多方参与管理，持续推进实施进度，并向居民及时公布结果。

“改旧换新”中非常注重的一个因素是“温度”，城市温度取决于城市空间的主体——人。人在城市空间中的行为模式和生活方式得到重视，才会觉得生活的城市是有温度的，感知到城市的美。环境设施、创意建筑、生活圈配置、服务管理等方面，都存在影响城市温度的条件。

人民城市注重居民之间的交流和参与，然而随着40多年的城市更新，已经基本解构了原有的熟人社区，取而代之的是一个住区与街区联动甚少的门禁式社区，并在商品房的浪潮下产生新的社会地理隔离。居住区通常具有一定的私密性，而住区的边界，如街道界面，则是城市公共空间的重要组成要素。住区边界空间既起到住区与城市空间的分隔作用，同时也是住区与城市相互渗透、居民间发生交往活动的重要界面。20世纪90年代开始，在基层政府部门参与指导下，上海的住宅开始兴起修建围墙。住区被封闭起来，原因是20世纪80年代后，人口流动剧增、犯罪率日益上升，封闭住区能够给个体带来安全感。大部分居民对此表示欢迎与支持[1]。

经过三年的改造，围墙破除被做成铁栏杆，增强小区内外的视线联系，重新改造小区西侧的实体围墙。在小区居民的参与下保留住区内的四棵水杉树，并增加绿化空间，在通道上方增设三个凉棚，种植葡萄、黄瓜与丝瓜等爬藤类蔬果以及一些观赏性植物；根据老年居民较多的特点，增加公共座椅和健身器材，并铺设一条健身步道；拆除违章建筑，在小区北侧空地集中设置机动车停车区域。同时在通道北侧增设车辆进出口，并增加门卫室，通道南侧改为人行出入口，将步行、车行路线分开。此外，考虑历史文脉要素，加入棉纺厂元素，在南大门设计增加棉

---

[1]　王彦辉：《中国城市封闭住区的现状问题及其对策研究》，《现代城市研究》2010年第25期。

纺织图案，唤醒历史记忆，增强居民的社区认同感。

在杨浦区大桥街道“社区规划师”、同济大学建筑与城市规划学院教授陈泳看来，“对一个街区来说，不仅要有好的建筑，同样要有好的故事、好的烟火气”，告别大拆大建，追求有机生长，城市更新，正在重新塑造着“人”与“城”的关系[1]。

生活在旧式里弄的人，仿佛早已习惯了将自己的人生都压缩进那些逼仄的空间。今天你家一块生日蛋糕、明天他家一碗大排面，下雨了，隔壁邻居还会帮忙把晾在外面的衣服收回来，人与人之间的感情就是在这些缝隙里产生的。

华忻坊的CZ很是怀念弄堂里的人际关系：“都认识的，知根知底。我今天烧好吃的，你吃一点点，很开心的。我身体不好了，身边没人，就有人马上到医院送饭，我们居委会的干部也是，听到有什么事情，他马上去做。”[2] 顺成里CH书记张罗大家办“百家宴”那天，每一桌都堆满了家家户户带来的拿手菜，喜爱唱歌的居民主动起身高歌一曲《我和我的祖国》。曾经生活在这里的居民，日思夜盼终于过上了崭新的生活，当要搬走时，他们又盼着回来的那一天。对他们来说这里是他们的娘家。出生在同兴纱厂职工宿舍的JY终于盼到了旧改政策的落实，他是第一个签约的。虽然终于搬离了大桥街道，但他还是盼着搬回来的那天。这个破旧的地方让他很舍不得，因为人与人之间的热情、居民的自治、居委会的人文关怀，让他十分留恋。

历史城市是现代城市的文化基质，世界上大多数现存并实现与现代化融合的古城，都在诉说其经历了千百年的更新和演变。历史上建造并保存下来的物质景观作为媒介，与扎根于地方的社会记忆相融合，经由社会性诠释在人们的互动中显现，产生心理和生理的双重影响，在熏陶和培育社会认同的同时，也逐渐被人理解、需要和重视。来自不同文化

---

[1] 《12名同济规划师扎根杨浦社区一年，这12个街道居然发生了如此大的变化》，上观新闻。

[2] CZ访谈记录。

体系的社群聚集在公共的城市空间中展开密切交往，在各种不断重复的节庆仪式中得到强化的社群共识，形构了城市历史景观的基本叙事。华忻坊居委会书记 JM 在动拆迁时为居民办了“我眼中的百年老弄堂”摄影展。通过这个活动，居民学会发现日常居住的里弄的美，同时也看到了很多不完善的地方，通过照片，留住了记忆，留住了历史。

“街道的意义绝不仅仅在于组织城市交通，透过街道上的行为可以对城市的实质内容产生最直接和无法替代的体验”。在不同的历史和文明时期的背景下，我们可以证实某些城市主题的永恒性，这种永恒性确保了城市表现的相对统一性。城市和地形之间的关系从此而发展，我们可以通过街道的作用来有效地分析这种关系[1]。

第二节　从“工业锈带”到“生活秀带”：“人民城市”一窥

一、“人民城市”首提地

2019 年 11 月初，正在上海杨浦滨江视察的习近平总书记指出，这里的老工业区见证了上海百年工业的发展历程。过去的“工业锈带”变成了今天的“生活秀带”，人民群众有了更多幸福感和获得感。习近平总书记进而指出，要坚持“人民城市人民建，人民城市为人民”，让城市成为老百姓宜业宜居的乐园。“人民城市”重要理念是习近平总书记关于城市工作一系列重要论述的高度凝练和集中概括，是新时代城市治理理论创新的最新成果，深刻回答了城市建设发展依靠谁、为了谁的根本问题，深刻诠释了建设什么样的城市、怎样建设城市的重大命题。

---

[1]　罗西：《城市建筑学》，黄士钧译，北京：中国建筑工业出版社 2006 年版，第 53 页。

"人民城市人民建，人民城市为人民"理念系统揭示了城市属于广大人民、城市发展为了人民、城市治理依靠人民。人民城市的根本属性在于城市属于人民。1948年，毛泽东首次指出："城市已经属于人民，一切应该以城市由人民自己负责管理的精神为出发点。"2015年，习近平总书记强调，"城市的核心是人"，"人民城市"理论充分肯定了人民的主体地位。

为何建设人民城市：城市发展为了人民。党的十九大报告指出，新时代社会的主要矛盾是人民日益增长的美好生活需要和不平衡不充分的发展之间的矛盾。因此城市要让百姓生活更美好，让人民在城市建设和城市发展中切切实实感受到获得感、安全感和幸福感。

如何建设人民城市：城市治理依靠人民。新时代人民城市内涵还要回答如何建设人民城市。需要紧紧依靠人民，发动人民参与城市治理，形成共建共治共享的城市新格局。城市治理要调动人民的主体性、积极性和创造性，尊重人民群众在城市发展和治理过程的知情权、参与权、表达权和监督权。激励人民群众有序参与城市治理。

（一）理论支撑

习近平总书记关于城市发展的理论来源于马克思主义基本原理，是对马克思主义经典理论的创新与发展。在对城市地位的认识上，习近平总书记指出，"城市是我国各类要素资源和经济社会活动最集中的地方"，强调城市的义务、责任和作用，与马克思主义城市中心论一脉相承。在此基础上，习近平总书记指出，"城市发展是一个自然历史过程，有其自身规律"，必须"认识、尊重、顺应城市发展规律"，这是对马克思关于自然规律和社会规律认识的延伸。习近平总书记的"人民城市"理论是马克思主义中国化的创新成果，也是新时代我国城市建设工作的指导思想。

习近平总书记关于城市发展的重要论述形成于我国城市发展转型

期，是基于新时代城市发展新问题的新思考。首先，强调以经济建设为中心的经济价值取向，坚定不移推进全面社会改革，为推进城市高质量发展奠定物质基础。其次，提出了人与自然和谐共生的生态价值取向，处理好生产空间、生活空间和生态空间三者的内在联系；最后明确共建共治共享的社会价值取向，最大程度地推动政府、社会、群众的合力行动。

（二）实践逻辑

2017 年 5 月 8 日，中国共产党上海市第十一次代表大会上的主题报告为《勇当排头兵　敢为先行者　不断把社会主义现代化国际大都市建设推向前进》，提出了“建筑可阅读，街区可漫步，城市有温度”。

2020 年 6 月 23 日，中国共产党上海市第十一届委员会第九次会议通过的《中共上海市委关于深入贯彻落实“人民城市人民建，人民城市为人民”重要理念，谱写新时代人民城市新篇章的意见》，提出的主要任务和重点举措可总结为 12 个字：衣食住行、生老病死、安居乐业。人民群众对美好生活的向往，人民城市让人民生活更美好的使命，成为这份意见出台的最大动力。这次会议奠定了上海城市发展的基本思路和努力方向，那就是努力打造人人都有人生出彩机会的城市、人人都能有序参与治理的城市、人人都能享有品质生活的城市、人人都能切实感受温度的城市、人人都能拥有归属认同的城市。

在解读这“五个人人”时，上海市委书记李强指出，就是要把“人民城市人民建，人民城市为人民”重要理念体现在全市人民的共同实践和切实感受中，就是要把人民的主体地位、发展要求、作用发挥贯穿于城市工作的全过程和各领域。他强调，对发展水平的提升，需要我们解放思想、开阔视野，敢于在国际竞争中与强的比、向高处攀。而对根本属性的把握，则需要我们坚定不移、毫不动摇地贯穿始终，把我们最为宝贵的制度优势转化为城市发展的竞争优势。推进城市各项工作，都要着眼于“五个人人”，聚焦“五个人人”，不断实现“五个人人”，朝着这个方向不懈努力[1]。

二、大桥街道的基层实践空间

（一）里弄旧改如何再造居民地方感?

城市更新模式的改变带来"人"与"地"关系的改变。地方空间理论描述个空间在身体感觉和情感认知中具象化、意义化与知识化的过程，即基于人的实践经验，抽象、陌生且缺乏意义的空间可以转化为"感知价值中心"的地方，进而构成身份认同的"具有社会文化学意义的地方性"。其中涉及的空间、价值观、地方感以及经验认知等概念，为我们重新诠释空间与地方的意义提供了独特的参照视角。"地方感是'人'与'地'关系的纽带，是'人'在长期与'地'相互作用的过程中产生的一种特殊的体验，能影响'人'在'地'上的行为。人们有时会将地方当作理所应当的存在，以致察觉不到与地方的关系或联结，只有在远离该地点或地点改变时才会感知到自己与地方之间的联结。"地方感包括地方依恋和地方认同两个维度。比如已经搬离方子桥多年的居民得知方子桥要动迁的消息，专门赶回来再看一眼；比如已经搬离里弄的居民在访谈中提到即便离开，在很长一段时间里做梦还是会梦到大桥街道。

这种地方感指的不是一个人感到"我住在某个地方"，即不是居住地的概念，也不是指"我住在某个区某个街道"，即不是行政区划的概念，而是属于某一个人群的概念，"我属于这个社区，我与这里的人们有着良好的关系，我很乐意向别人提及我的社区"[2]，并为社区的历史记忆而骄傲。

---

[1] 《上海这座城市，到底好在哪里？归根到底是这四个字》，《人民日报》2020 年 6 月 2 日。

[2] 王邦佐等：《居委会与社区治理：城市社区居民委员会组织研究》，上海：上海人民出版社 2003 年版。

在大桥街道城市更新的旧改实践中，再造居民的认同感和归属感的要素是干部星期四劳动制度和一线工作法。在居民访谈中经常提及所在里弄干部星期四劳动这件事。

那些年的星期四，上海的弄堂里是很热闹的，阿姨、妈妈齐出动，搞卫生。所有的里弄干部碰到大扫除一个都不能请假，而干活最多的往往就是街道干部和居委主任。这就把共产党执政为民的根子牢牢扎到了社会的最基层。改革开放40多年来，这个根基依然是维持社会稳定，再造人民群众社区认同感、归属感最可靠的基础。这些年来，大桥街道的居委干部将这个劳动制度坚持下来，并在他们的实际行动和感召下，加强了居民的认同感和信任感。

同时，大桥街道在二级旧里的动拆迁过程中根据街道的实际情况组建了“老书记工作室”，聘请居住在该地块、有群众基础、有一定群众工作经验的居委干部来为大家讲政策、讲工作。居委干部同时也是动拆迁居民，在里弄居住几十年，了解每家每户的具体情况。他们利用“熟人”优势和群众工作经验，协助征收公司、街道干部做好化解居民矛盾、搭建平台等工作。

在旧改基地里，居民每天听得最多的一个词就是“搭平台”。“平台”的形态多种多样，可能是旧改基地里的一间调解室、基地现场的一场谈判，可能是居民家里的饭桌、摆在弄堂口的几只小板凳。当居民家庭内部对补偿款的分割存在矛盾而无法顺利签约时，由旧改办、街道、居委会、律师等组成联合团队，从情、理、法多个角度为居民解决矛盾。家家有本难念的经，这些积压多年的家庭矛盾都会在旧改动迁中爆发出来。旧改启动前，街道既搭建由代表委员、专业人士、动迁居民代表等组成的第三方公信平台，全程参与、协调和监督征收（动迁）工作，解决矛盾“跨前一步”；又探索设立专业法律咨询窗口、旧改基地巡回法庭，帮助协调解决“疑难杂症”。

已经77岁的ZP是宁国路居委会的老主任，曾在这个岗位上工作了

12 年之久，同时，他还是 97、98 街坊的居民，从出生起就住在这里。工作、生活都跟这片老弄堂密不可分，他对每家每户的情况都很了解，大家遇到事情也还会找这个老主任聊聊，听听他的意见，对于旧改也不例外。面对调解僵局，ZP 充分发挥了自己好人缘的优势，“我就是和他们在一起长大的，小时候还经常一起玩。我就一个个去沟通，反复和他们讲道理，劝他们分钱虽是家务事，但还是要讲亲情”[1]。后来，在搭平台的时候，有一户兄弟姐妹五人心平气和地坐在了一起，经过调解，各方就利益分割问题达成统一，最终顺利签约。

方子桥一户有 11 名共有产权人的家庭每次搭平台都会吵得不可开交。“有时刚给他们搭完平台回到家，半夜电话又打过来，说又吵起来了。”方子桥居委会书记 WT 经过多次与他们接触，找准了这家人里最有话语权的大伯母，先说服她，再召集全家开会讲方案。“居委会的优势是了解各家的情况，旧改工作人员擅长解释政策和说理，而律师则具有第三方的专业性和权威性，每次搭平台都要根据各家情况，各施所长，才能有针对性地推进签约。”[2]

旧改期间每天下午三点以后，都能看到大桥街道的机关干部一个个迈着急匆匆的脚步往基地里赶。街道动员全体处级领导，机关、事业单位干部，以及刚退休的居民区党总支书记、居委会主任到征收一线，与经办人员分成一个个“老娘舅”小组，做到被征收居民家庭全覆盖。

“改”中有留，要留住城区烟火、城市记忆、美丽乡愁。杨浦区做好保护利用的大文章，一些里弄建筑作为宝贵的风貌财富资源，被更好地传承利用，延续市民对于上海里弄生活的特殊情感和文化记忆。开发建设与风貌保护兼容并蓄，让城市更新区域变成引领未来、令人向往的地带。

---

[1] ZP 访谈记录。

[2] WT 访谈记录。

（二）公共空间如何形塑城市认同？

新文化史的研究方法强调人民与公共空间、公共生活的关系。但本书所使用的“公共空间”不同于哈贝马斯的“公共领域”的概念。哈贝马斯讨论的是一种社会和政治空间，而本书考察的是实实在在的物质空间，即人民日常看得见、摸得着的公共空间。只有当人民的日常生活与地方政治联系在一起，公共生活和公共空间才能为市民参与社会、参与政治提供舞台。

杨浦滨江最大亮点与最独特优势，就是工业遗存。杨浦滨江的工业遗存自身既是一个公共的空间，又参与塑造杨浦滨江这个更广大的公共空间。这些有着历史感的建筑，是历史文脉的承载者，是城市记忆的见证者，与特定的文化记忆相联系。

居住空间的改变让居民加深了对原有里弄的认同感，当他们走在有着历史故事的滨江沿岸的公共空间时，可阅读的建筑，成于故事，归结到人。大桥街道的二级旧里和杨浦滨江的工业遗迹的更新，离不开对这些空间的深入阅读。建筑介于历史与未来之间，没有深入的阅读，不可能有真正的发展。为什么越来越多的人开始关心工业遗址，关心老房子的拆迁？为什么许多老人会在拆迁最后一天拍照留念，或抱着门牌流泪？因为这里浓缩着他们一辈子的经历，或苦或甜，记录着他们从呱呱坠地，到少年、恋爱、结婚和初为人父母等所有生命体验。他们所居住的空间、他们所经历的建筑对他们来说，承载的是他们一生的记忆。

通过建筑的叙事，通过居民的阅读，这些弄堂、马路、废旧的工厂物化为人们的文化认同，转化成人们的“乡愁”与“生命”。这也就是为什么上海文旅局于 2021 年打造“建筑可阅读”计划，上海开启“建筑可阅读”数字化转型时代，并注意和基层治理相结合。

城市的发展不仅指硬件，关键是人的发展。只有人得到全面发展，才能回归到城市发展的本意，实现人和城市的全面发展、协调发展。只有这样，人民才能感受到城市的温度，并通过阅读建筑形成归属感和认同感。

（三）人民民主如何推动社区治理？

人民民主是一种全过程民主。"人民城市人民建"就是要坚持人民的主体地位，最大限度地调动人民群众的积极性、主动性、创造性，紧紧依靠人民推进城市建设，让人民群众都能在制度化的民主框架内有序参与城市治理过程。根据大桥街道的实际情况，街道通过三个主要途径进行基层民主治理：旧改阳光制度——让居民参与城市更新；居民委员会介入——全过程民主的重要环节；"议事小组"制度——通过基层协商，让更多居民参与社区公共事务。

1. 旧改阳光制度——让居民参与城市更新

2010 年，杨浦区探索在新启动基地使用阳光动迁信息管理系统，居民可以通过触摸屏，直接查询、了解和掌握基地居民所有安置信息，做到依法、公开、透明、规范。切实保障阳光征收政策一竿子到底，真正做到"公开、公平、公正"。从源头上保证征收工作更加公平合理，使旧区改造工作呈现操作透明、公信监督、邻里共建、上下齐心的格局。

杨浦区大桥街道在旧区改造中逐渐摸索出一种以人民为导向的城市更新理念：一方面体现在对历史建筑、历史风貌街区的保护上，存续城市文脉；另一方面吸纳居民参与到城市更新改造的决策过程中。眼下上海城市更新越来越强调以改善民生为主要目标。尽管上海棚户区的民生改善问题已经基本解决，但在现存的被称为"老破旧小"的区域中还留有一些问题。问题的复杂性在于，这些街区因"老破旧小"而无法得到大资本的关注，而在居民构成上，除了一部分确实有困难的原住民，大部分房屋产权拥有人早已迁离此地。"老破旧小"绝大多数出租给了清洁工、快递员、保安等从事城市服务业的外来群体。对耄耋老人来说，他们更需要的是一个有邻里相伴的友善社区。旧改阳光制度吸纳更多居民参与城市更新的决策中，共同营造守望相助的社区环境。

2. 居民委员会介入——全过程民主的重要环节

群众通过居委会这种组织形式，可以实实在在地养成良好的民主习惯，真正落实全过程民主。

居民委员会是城市基层群众自治组织，工作立足点和出发点在于根据本地区的实际情况，满足居民需求，为居民多办实事。居民委员会把城市居民组织起来，在自愿原则下，自己管理自己的事务，自己办理自己的公益事业。随着社会主义市场经济体制的建立，人员流动性大，更多的企业员工开始从单位人变成社会人。社会关系呈现一种新的态势，如果不加强组织与领导，会使城市的稳定、经济的发展受到影响。因此需要采取一定的组织形式，把分散的居民组织起来，自己办理自己有关的事。居委会作为载体，整合辖区力量，挖掘区内资源，集中群众智慧，建构人与人之间的邻里互助的情感空间[1]。

上海市政府的“二级政府、三级管理、四级网络”的城市管理体制，就是基于居委会是城市基层群众自治组织这个现实形成的。居委会的政治功能主要体现为两方面：一是整合，即宣传宪法、法律、法规和国家政策，维护公民的合法权益，开展多种形式的社会主义精神文明建设活动；二是协助，协助政府和派出机关做好与居民利益有关的公共卫生、生育政策、优抚救济、青少年教育等各项工作。在街道旧改中，居委会通过搭平台、一线工作法等，协助街道对居民进行政策宣讲和矛盾调解。另外居委会还具有沟通功能，这体现在沟通协调居民和政府之间的关系。居委会由于熟悉群众情况，也最了解群众的愿望和诉求，可以及时地将群众的意见、建议和有关情况作真实反映。居委会作为基层群众性自治组织，标志着基层群众最广泛最直接的民主，因此它的桥梁作

[1] 王邦佐等:《居委会与社区治理：城市社区居民委员会组织研究》，上海：上海人民出版社2003年版，第281页。

用，是其他群众组织所无法取代的。

对于有着工业历史的大桥街道而言，随着社会转型、企业改制，大量棉纺织厂和其他各类工厂关停，大量企业员工由“单位人”转为“社会人”，居民对社区的依存度越来越高。同一时期，随着城市化的发展，居民对生活服务设施和居住环境的期望值也越来越高，居委会承担的责任越来越重。过去，居委会的管理对象主要是城市无单位人员，现在这种情况已经大大改变。在计划经济时代，企业特别是国有企业和政府机关承担着很多福利事务，比如后勤服务。现在这些职能逐渐转向社会，其中大多数归到居委会等社区组织中。另外，大桥街道的二级旧里中大多数居住的是处于社会底层的老龄人口，服务对象有了新的要求。如何更好地满足这些居民的需求，更好地服务于里弄的老年人，成为新时代居委会面对的新问题。

3. 议事小组——通过基层协商，让更多居民参与社区公共事务

为了更好地协调居委会工作与社区居民需求之间的关系，使居委会能有效地服务居民，在大桥街道党工委的领导下，各居委会在具体实践中，逐渐摸索出“议事会”制度。这个代表民意的参谋机构和监督机构，不仅能够提高居委会工作的目的性和公益性，而且使居委会工作有了更强的合法性基础。

有的里弄很分散，居委会就将里弄里有威望的人聚集起来，加上党总支委员、居委干部、居民代表共同组建成议事小组，碰到问题，充分发扬民主。里弄里面对最多的问题就是环境卫生问题，于是议事小组召开议事会，共同讨论解决对策。比如有的居民爱遛狗但不清理狗粪，这让原本就脏乱差的弄堂环境更加不忍直视。居民为此怨声载道，于是这个问题在议事会上被提出。居委会排摸小区养狗人家，议事小组成员作为志愿者清理狗粪、垃圾，然后进行教育，倡导文明养狗。

二级旧里议事小组的志愿者从清理狗粪开始，带领居民逐步改善小区的环境。在居委会的组织下，议事小组将社区居民的积极性调动起

来，从民主协商改变身边的一件小事开始，让居民参与到社区治理中。

相关调查资料显示，若以居民去居委会的次数为因变量，以居民年龄为自变量构成回归曲线，那么曲线清楚表明，中青年去居委会次数很少，40 岁以上的人去居委会的次数明显增加，在 60 ～ 80 岁之间形成高峰。若以是否主动去居委会为因变量，以居民受教育程度为自变量，坐标轴显示，一个小学及以下受教育程度的居民，有 70% 以上的可能性会主动去居委会。随着受教育程度的上升，人们主动去居委会的概率急剧下降。通常主动去居委会的人是为了解决自身问题，比如重病大病补贴、动拆迁政策等，而不是参与社区公共事务[1]。而基层民主协商的议事小组正在改变着这一现象：居民们从去居委会到开始参与居委会组织的自治活动，一幅共建共治共享的“全过程民主”图景正在徐徐展开。

[1] 王邦佐等：《居委会与社区治理：城市社区居民委员会组织研究》，上海：上海人民出版社 2003 年版，第 205 页。

第五章

烟火气中的大桥故事

2021年，电影《爱情神话》将大众的视野重新拉回到上海的弄堂，这部电影展现了“上只角”的街区中年男女们日常的岁月静好，同时也成为上海弄堂形象的分水岭。上一部关于上海弄堂的电影是1994年的《股疯》，潘虹操着一口上海话，诠释了一个居住在石库门弄堂的上海小市民的精气神和满满的市井风。金宇澄说虽然写了《繁花》，却越来越不明白上海，它是一座深不可测的原始森林。海纳百川的魔都有很多图景，不仅有高楼大厦、大桥、外滩和黄浦江，还有大桥底下低矮老旧的住宅、破旧工厂和早已不为人知的小河。它们都属于上海，深不可测。

虽然十年前就已经穿梭于大桥街道，但那时我心中的大桥街道是由数字构成的一组数据：有多少户籍人口、多少外来人口，每条马路每条里弄属于哪个要动拆迁的街坊范围。那时大桥街道就在那，于我却只是一个个符号。2022年的国庆，我披上雨衣，骑上“小蓝”，带着我的“大桥地图”，重访大桥辖区。沿着“沪东第一路”的杨树浦路骑行，一路都是厚重的历史遗迹。定海桥旁的国棉十七厂现已改成时尚中心，腾跃路只是一条空荡荡的马路，两个一样空荡荡的烟囱与之相伴。杨树浦纱厂以及“新怡和”纱厂的建筑都不复存在，独留下那座建于1918年的大班住宅。如今小楼已成“怡和1915咖啡馆”，去得晚都没有了座位。更不用说当年著名的高郎桥地区，高郎桥已改名为长阳路桥。赶到那时，天色已晚，小桥下安静淌过的那条小河以前就是杨树浦港的分水岭。居民口中经常提到的河间路38弄地块，当年那个一下雨就泛滥的地区，现在是杨浦区检察院所在地。

但当我有了大桥印记，看到的就是不一样的大桥图景。1921年，盛杏荪出资建造华盛织布局职工住宅，取名华忻坊。解放后，XH 的父亲划着小船摇到上海，定居在此。XH 长大后在后面弄堂的杨树浦路第四小学上学。就在 XH9 岁那年，CZ 被分配到杨树浦第四小学担任辅导员工作。CY 小时候和父母一起住在周家牌路，为了照顾他，外婆从虹口搬到顺成里 19 号后楼。小时候同学都住在周围，他经常在同学家玩过了头，误了吃饭的时间。外婆就沿着周家牌路走到顺成里，一路顺着弄堂由北往南边走边大声喊他的小名。CY 结婚的第七个年头时，YR 刚从大学毕业分配到附近的电器厂，为了方便工作，他搬入周家牌路，一住就是几十年。

和 XH 差不多大的 JY 出生在同兴工房，小学就读的是已经不在的国棉九厂子弟小学，后来改成了敬老院。热闹非凡的"网红街"周家牌路就在同兴工房对面。那时放了学的"工二代"们就在工房门口踢球，或者去松潘路买一碗八分钱的阳春面。XH 放学后就在弄堂里滚铁环、跳橡皮筋。松潘路临青路口的临青布店是很多孩子的记忆，那时过年要穿新衣服，妈妈都会去那家布店给他们裁一块布回来。

高郎桥地区以纺织业为主，那时都是上大三班。一个礼拜早班，一个礼拜中班，一个礼拜晚班。ZH 妈妈在纺织厂，轮到早班很早就要走。他们家没有手表，但上班要看时间。他家前楼一家有一个"三五牌"台钟，半小时敲一下。ZH 看着妈妈躺在床上，数着钟声不敢睡，等着四点钟去上班。KX 住在高郎桥片区的引翔港，那里的老房子都是自己搭建的。解放初，他们就搬到此地，KX 的父亲搭建了房子后，一家人就住了下来。

走在杨树浦路、长阳路和平凉路上，走进已经动拆迁了的周家牌路、松潘路和华忻坊，一块块旧砖瓦中还是依稀可见的"他们曾经的生活片段"，能看到大桥街道居民的来来往往。烟火缭绕的早晨，看着他们在进进出出中如何把一个陌生的空间变成一个熟悉的地方，看着他们当年如何从宁波等地来到上海，从个体形成了"我们华忻坊""我们周家牌路”“我们引翔港”和“我们大桥”。

本书记载着大桥街道居民的故事和他们的叙事，他们有着共同的生活经历和大桥记忆。每逢雷雨天杨树浦港涨潮，BS 家就和大多数居民家一样，水漫进来，有时家里积水甚至会漫到床沿处。居住在里弄的居民很多都是纺织工人或棉二代，曾经历过 90 年代的棉纺织工业转型、下岗和再就业，如今共同经历着旧改。

一切看上去似乎没有太大变化。大桥街道的居住特点决定了此地居民的生活空间，大家需要共享厨房、甚至卫生间等公共空间，以及在有限空间上产生各种纷争。即便在前几年，还是这样的生活状态。一切看上去似乎又有了很大变化。大桥街道里弄的邻里亲密感和稳定性随着旧改的推进，反而变得更强更稳定。守望相助和集体生活的精神随着城市化的进程，凝结成为一种特有的里弄精神和里弄文化。这种叙述既不同于“上只角”的“爱情神话”，也不同于以往的“下只角”的底层叙事。就像金宇澄对上海的描述一样，“深不可测”。就像第一次来到这座城市的西方人一样，觉得里弄空间很难读懂。而这些看上去的“乱糟糟”，却让居民在这种空间里更有家的感觉。

本书通过大桥人的日常生活片段，呈现一个健康城市街道生活的同时，还有更多的问题留待以后再作讨论，比如上海故事里的空间与性别，也就是基层治理中的妇女。在列斐伏尔看来，空间是政治的。政治空间曾一度标识为男性的领地，禁止妇女出入。他在《空间的生产》中认为，家庭空间被归为女性的区域，她们以灶台和壁炉为中心，形成一个圆形的、封闭的、固定的空间，那是她们在黑暗深渊的最后遗地，妇女的社会地位受到限制，正如她们的象征性和实际的地位一样。那么在大桥街道叙事中妇女的空间政治实践是怎样的呢?

启用妇女来领导里弄工作是新中国成立后政府基层治理的新思路。一方面家庭妇女一直远离权力中心，她们的社会关系最简单；另一方面家庭妇女除了有作为人力资源和适合在生产服务的从属领域工作的特点外，又增加了政治上的可靠性。家庭妇女对共产党的认同度远远超过其他阶级。她们在工作中表现出高度的积极性和责任感，其原因是居委干部的光荣感，居民委员会中妇女占多数的历史由此开始。

可惜的是，在社区治理现代化、社区工作者职业体系建设化的理念下，新一轮的年轻社区工作者接棒以离退休人员、下岗职工大妈为主的居委会工作人员之后，“大妈”们还没来得及为这个污名化的词正名时，她们在基层治理中的历史和实践，就成了需要被发现的故事。

随着我们越来越意识到城市空间需要考虑性别因素的同时，却忽略了城市的记忆空间更需要记录这些性别因素。如果说马西等理论家填补了空间观中女性缺席的现象，那么上海的大桥街道叙事用经验事实呈现了具有本土化特征的里弄空间的性别建构。

附 录

渭南路 486 弄一块拆迁地

徐梦欣

渭南路 486 弄是一片小弄堂，低矮的房屋、坐在路边打牌的爷叔、散养乱窜的家猫，仿佛回到了儿时外婆家的“合德里”，如今那儿已是物是人非、全被拆完了。我心里不禁一颤，上海留下的老弄堂已经不多了，在不久的将来这儿也要被拆迁，消失得无影无踪，后辈也不会再记得上海曾经到处都是的石库门住宅、弄堂里的欢笑……伤感之余，开始寻迹，在这从没来过的地界找到故事，只能靠运气。

经过门口热情大叔的带领，七拐八拐走进了位于弄堂左侧的一处破门。“这儿没啥好看的，都是破烂房子。但这儿可是顾家大宅，你们可以进去问问。”大叔跑进了残破老旧的“宅门”，呼唤出了顾阿姨，“你们问问她吧，她可是顾家的后人嘞！”顾阿姨是典型的上海阿姨，听到我们想了解房子的历史，不顾灶上烧了一半的青菜，举着锅铲就给我们介绍起来。

我们了解到，这儿原本的主人叫顾家湾（谐音，顾阿姨也不记得是哪几个字了），但经历“文化大革命”后，房子被充公，顾家湾也被迫搬离。“文化大革命”结束后，房子又回到了顾家后人手里。起初这儿是宽敞气派的院子，现在可真的看不出。三面的房子都被改造成了偏现代的四层灰墙洋楼，所谓的"大宅门"只是一个比我高那么十几厘米的破屋檐，三角形的红瓦斜顶上卡满了各种垃圾，仔细端详还是看得出内部的纯木质结构，里头的木头也已饱经风霜和雨水侵蚀，变成了黑褐色。如今这个门不属于顾家了，住在院子里的已经是互不认识的四五户人家，只有正对大门的一处矮房没有被改造过，小门仅可供人侧身进入，房子矮得一眼就能看得到屋顶，透过缝隙看内部，也是十分昏暗狭小……院子后边的一块空地原本是孩子们玩耍嬉戏的后庭，现下杂草遍生、垃圾成山、脏破不堪，令人唏嘘。

经过改造的另三面都是又高又干净的楼房，顾阿姨热情地邀请我们参观她家，经过改造后的"顾家"可谓敞亮又洁净，一层的破屋被改成了四层小楼，木质楼梯、大理石地砖、现代厨房。顾阿姨说这个老宅已经有 100 多年历史，民国时期的风光早已不在，我们也遗憾不得一览它的风姿，只觉改造后的楼房更适宜居住。顾阿姨不愿拆迁，毕竟她现在的房子又大又舒服，交通、生活也都很便利，一拆迁不知会搬到哪里。

站在楼房包围之下，看着那"大宅门"和仅剩的小屋，我的眼前不禁浮现出顾家百年前辉煌的样子，当时该是如何合家欢聚、灯火通明、笑语不断呢……

顾阿姨给我们指了指后面的那条街，叫我们可以去那儿看看。告别了顾阿姨，我们拐了个弯来到旁边的一条小巷子。这儿可不一样了，左右全是矮旧的老屋，约莫也有百年之久，还有几幢五六十年前的厂房，现在也已给居民居住了。我走到一扇年久失修的老木门前驻足，上面爬满藤蔓，有"藏匿此山间"之意境。正当我被吸引时，旁边房里走出来一位头发花白的奶奶，略带防备地问我们来干吗。当我们说明自己是大学生在做调查时，奶奶瞬间展露了笑容，都不用我们问，就开始介绍这些屋子。我们了解到，这儿的屋子历史也很悠久了，全部都是由石灰、草泥、木头搭建而成的，不掺一点儿钢筋、水泥，是实实在在的老房子、老建筑。但正如最开始看到的老木门一样，大多数屋子已经没法住人，留下的人也只是守着老屋罢了，对面的房子已经被房主租给了回收废品的一家子。有条件的都早已搬离，或者是将房子改造翻新了。

面对这样墙体开裂、没有厕所、使用公共灶台的弄堂老屋，奶奶期盼着拆迁，希望拥有更加优质的居住条件。

仅隔一面墙的两户人家，却对拆迁有着不同的看法和需求，已经拥有良好住宅的顾阿姨满足于当下的幸福生活，觉得不拆迁更好，因为她家的房屋是在原有基础上自己加高的，拆迁不管是分到钱还是分到房子，都不如现在的生活过得舒适自在。而后街的奶奶还在用痰盂上厕所，每日定点去倒马桶，这样的居住环境不改善也着实说不过去。

在历史的长河里，杨浦大桥街道城市的发展印记慢慢延伸，我自己作为"拆迁户"非常能体会两家人家的感受，只有拆迁后让自己的生活有所提升与改良，才会一心盼着它的改变。而即将被拆除的这几处老房子，这大桥街道仅存的不多的弄堂，马上也会消失在人们的视野里。旧的不去新的不来，或许消灭这些"老破小"能够让上海这座城市向高级的方向发展，但是那些里弄里的家长里短、小巷里奔跑嬉闹的孩子的影子、一代代人长居的记忆，都将随着拆楼的大摆锤被掩埋在碎片里。怀念儿时与好友在小街上的追逐打闹，怀念曾经弄堂里每家每户见面就打招呼的日子，怀念猫儿狗儿不被娇生惯养、放任天地间的自由，怀念老上海弄堂共用的灶台厨房、家家户户的饭菜香味融合在一起……

此次走访大桥街道，我最深刻的感受就是"实践出真知"，我们见到的人、发掘的故事，都是网络上没有记载，仅在那一小块儿范围内被知晓传递的。社会实践最重要的是"实践"，靠双脚走出来、一声声问出来的，但是在听的过程中，还有些不足之处，如对于拆迁的规则不是很清楚，对于大桥街道整体范围前期并不知晓，在交谈的过程中会对阿姨爷叔说的马路名称不了解，以至于当场翻阅"百度地图"来搜寻他们说的地界。之后应提前学习，把要探访的地方的历史尽量多搜集一些。

街角的小卖部

魏嘉珩

在杨树浦港绕了好几圈，穿过江浦街道，过了河又沿着东西向的道路四处逛了逛，还来到杨浦区大桥社区卫生服务中心和大桥街道办事处。几趟下来，收获虽然不多，但是我们几个人也各有感悟、各有收获。我们在访问大桥街道的老人们时多次碰壁，但是没有放弃。在走访长阳路 1389 弄的理发店时，店主大伯告诉我们他的妻子就在旁边的小卖部管摊，我便来到了那家小卖部一探究竟。

小卖铺开在街道的拐角处，人来人往的，地理位置还算不错。小卖铺本身就比较简陋，几筐零零散散的菜堆放在室外的人行道上，一台小秤锈迹斑斑，屋子的外墙上用红色涂料写着“烟酒文具”，内部看起来也就十几平方米的样子吧，还被冰箱、冰柜、货架夺去大部分空间，室内过道就能容一人通过。但是这小小的屋子里，也有生活的气息，屋檐上挂出的架子，上面晾着老旧却洁净的衣服，橱窗边的电饭煲和炉灶，溢出烟火香气，这就是老夫妻俩在这座城市里的“小小根据地”吧。

大妈就坐在屋外的一把小椅子上晒着太阳、玩着手机，怡然自得。我在她这儿买了一瓶饮料，一边喝一边和她聊起天来。她很热情，跟我唠起了家常，他们有一个孙子，在上小学，他们的小卖铺可能面临拆迁。从大妈的话中，我隐隐听出了小卖铺的收益不佳，但是她也不愿离开这个生活多年的地方。大妈的小卖铺在街道上显得很有破败感，或许它不久之后也会随着这座城市的发展消失在这街巷的拐角处，消失在人们的生活之中。

通过这次走访我发现，许多老人比较沉浸于自己的生活之中，他们认为这里的生活很平和。而我们的这次走访，是否侵扰到老人波澜不惊的生活？一个城市的发展中，那些落后的部分会遭遇淘汰，会成为历史。这里的人们或许不富足，但是也努力生活着，生活在自己的快乐中，也算是人间清欢了。

一只猫的一生

蒋佳言

我是一只白猫，一只土生土长在周家牌路的白猫。今年2岁多了。

我已经不太记得我的爸妈是谁了，可我想我大概还知道我的主人是谁，他是一家裁缝店的老板。他对我挺好的，会给我一口饭一个窝。是的，如你所见，这条路上的猫大多和我一样，可以自由自在地在小巷里奔跑打闹。我们大多都是这里的某个人家散养的，不算家猫，也不算野猫。

我有一个猫朋友，关系特别铁的那种。有一回，我在路上无意打翻了一个花盆，一条大狗闻声狂吠着冲我扑了过来，吓得我满街乱窜。好在旁边不知哪位爷叔阿姨收集的废旧瓶子、纸板中间有一个刚好容我藏身的洞，我溜进去，狗气得嗷嗷叫，最后无奈地离开了。事后，一只老橘猫叼着一条半死不活的泥鳅来找我，说感谢我的犬口救命之恩。我吃完泥鳅，心满意足地洗了十分钟的脸，才反应过来犬口救命是怎么一回事。后来我经常去找老橘玩，有时候互相舔舔毛，有时候合谋作案去偷别人摊上掉下来的小鱼小虾；当然更多的时候，在“两脚兽们”都在午睡的时候，周家牌路和临青路的东北角阳光特别暖和，我们俩就排排坐在那里晒太阳。老橘很喜欢晒太阳，往往端坐不到三分钟就会开始翻肚皮。真没出息。

不知道从哪天开始，街上忙着搬东西的人越来越多。我常常看到装满家具的货车艰难地挤过这条窄窄的街道。有一回，我和老橘在路口晒太阳，路过的一辆车上掉了张小凳子下来。老橘正翻着肚皮享受日光浴，不设防地被凳子腿儿砸到了尾巴，痛得大叫着跑了。我也被吓得炸了毛，惊魂未定地去追老橘，发现他蹲在墙根，眼角蓄满了泪水。——不会吧，不会吧，不会真有成年猫受伤还哭鼻子吧？“不是这个。”老橘叹了口气，“我以前下雨天的时候会睡在那张小凳子上。那家阿姨人很好，会把小凳子放在屋檐底下，再铺两件旧衣服，这样下雨的时候我就可以去避雨，不至于太冷了。”

老橘哭着说：“我不舍得阿姨走，呜呜呜。”

我想我这辈子都忘不了这只老猫在夕阳下哭的这一鼻子。